Diogenes Taschenbuch 23595

LORIOT, EIGENTLICH VICCO VON BÜLOW, geboren 1923 in Brandenburg, wuchs in Berlin auf und lebte zuletzt am Starnberger See. Er studierte Malerei und Grafik an der Hamburger Landeskunstschule. Seine humoristischen Arbeiten in *Stern, Weltbild* und *Quick* machten ihn berühmt. Er wirkte als Autor, Regisseur und Darsteller in *Ödipussi* und *Pappa ante portas,* zwei der erfolgreichsten deutschen Kinokomödien, und war Mitglied der Akademie der Künste in Berlin und der Bayerischen Akademie der Schönen Künste. Loriot starb 2011.

Loriots Kleiner Opernführer

Diogenes

Loriots Kleiner Opernführer erschien
erstmals 2003 zum 80. Geburtstag des Autors
Der Band wurde für die 2005 sowie
2008 erschienenen Ausgaben vom Autor
ergänzt und überarbeitet
Nachweis am Schluß des Bandes
Covermotiv: Illustration von
Loriot, ›Richard Wagner‹, 1979

Mit Vignetten
des Autors

Veröffentlicht als Diogenes Taschenbuch, 2007

info@diogenes.ch · www.diogenes.ch
In Fragen zur Produktsicherheit (GPSR):
truepages UG (haftungsbeschränkt)
Westermühlstraße 29, 80469 München
info@truepages.de
10/26/852/12
ISBN 978 3 257 23595 1

Inhalt

LORIOTS
KLEINER OPERNFÜHRER

Georges Bizet
Die Perlenfischer 13
Carmen 14

Alfredo Catalani
La Wally 16

Francesco Cilea
L'Arlesiana 17
Adriana Lecouvreur 18

Gaetano Donizetti
Anna Bolena 19
Der Liebestrank 20
La Favorita 21

Anton Dvořák
Rusalka 22

Umberto Giordano
Andrea Chenier 23

Charles Gounod
Faust 24

Georg Friedrich Händel
Caesar in Ägypten 25
Saul 26
Agrippina 27

Ruggiero Leoncavallo
Bajazzo 28

Wolfgang Amadeus Mozart
Die Entführung aus dem Serail 29
Figaros Hochzeit 30
Don Giovanni 31
Così fan tutte 32
Titus 34

Jacques Offenbach
Hoffmanns Erzählungen 35

Carl Orff
Carmina Burana 36

Giacomo Puccini
Manon Lescaut 37
La Bohème 38
Tosca 39
Madama Butterfly 40
Gianni Schicchi 41
Turandot 42

Gioacchino Rossini
Der Barbier von Sevilla 43
Semiramis 44

Camille Saint-Saëns
Samson und Dalila 45
Der Karneval der Tiere 46

Richard Strauss
Salome 53
Der Rosenkavalier 54
Die ägyptische Helena 55
Ariadne auf Naxos 56

Giuseppe Verdi
Nabucco 57
Ernani 59
Attila 60
Macbeth 61
Rigoletto 62
La Traviata 63
Ein Maskenball 64
Die Macht des Schicksals 65
Don Carlos 66
Othello 67
Falstaff 68

Richard Wagner
Rienzi 69
Tannhäuser 70
Lohengrin 71
Die Meistersinger von Nürnberg 72
Der Ring des Nibelungen 73

Carl Maria von Weber
Der Freischütz 98

Leonard Bernstein
Candide 99

Franz Lehár
Das Land des Lächelns 116
Giuditta 117

RUND UM DIE OPER

Bayreuth 121

An der Opernkasse 122

Bayreuther Pausengespräch 128

Was ist ein Wagnerianer? 131

Der Fragebogen 133

Die Opernsprengung 137

Statt eines Nachworts

Oper – ein Interview 149

Anmerkungen 157

Loriots Kleiner Opernführer

Georges Bizet

Die Perlenfischer

Eine Aufführung dieses musikalischen Bühnenwerkes verweist auf manches bisher Unbekannte in fernöstlichen Kulturen. Man weiß jetzt: Auch Perlenfischer haben den Wunsch, sich fortzupflanzen.

Vor längerer Zeit, Sri Lanka hieß noch Ceylon, verbissen sich dort zwei eng befreundete Perlenfischer in dasselbe Mädchen, retteten mit Ach und Krach ihre Freundschaft und schworen, künftig lieber mehr Perlen zu fischen, als Frauen zu angeln.

Das ging dann natürlich schief, aber der gemeinsame Schwur der jugendlichen Liebhaber blieb bis auf den heutigen Tag eine Perle unter den musikalischen Einfällen von Georges Bizet.

Georges Bizet

Carmen

In dieser Oper opfert der spanische Sergeant Don José militärische Karriere und gesicherten Pensionsanspruch für Carmen, eine Dame aus der Zigarettenindustrie mit zweifelhaftem Ruf und häufigem Partnerwechsel. Das ist auch für Nichtraucher ein interessanter Fall im Rahmen der weltweiten Gefährdung des Mannes durch die Frau.

Don José hat für die Geliebte eine Haftstrafe wegen Fluchthilfe abgesessen und ist bereit, sich in eine neue Tätigkeit als ungelernter Schmuggler einzuarbeiten. Überwältigt von der Bedeutung des Augenblicks besingt er die Rose, die ihm Carmen einst zugeworfen hatte. Er trug sie in der Zelle vier Wochen auf der Brust und stellt nun fest, daß sie nichts von ihrem Duft verloren habe. Das spricht für die hygienische Betreuung in spanischen Haftanstalten.

Leider tritt ein Torero an die Rampe, dessen körpernahe Degenführung Carmen mehr imponiert als Don Josés schlapper Säbel.

Das in launigen Versen gereimte Couplet des Stierkämpfers, mit wechselndem Stand- und Spielbein vorgetragen, erzählt von der Lust, spanisches Rindvieh umzubringen.

Alfredo Catalani

La Wally

Um das Jahr 1800 wird in der Ötztaler Bergwelt weder skigelaufen noch gerodelt.

Statt dessen belauschen mißgelaunte Dörfler ohne Toilette, Lift und Liegestuhl den Brunftschrei der Hirsche und pflegen hochalpine Eifersucht.

In Alfredo Catalanis Alpendrama *La Wally* atmen wir Bergluft, wie sie wirklich ist.

Ein Fräulein Stromminger – genannt La Wally – gerät oberhalb der Baumgrenze zwischen einem Herrn Gellner und Herrn Hagenbach in einen erotischen Interessenkonflikt. Zum Finale obsiegt Herr Hagenbach. Gemeinsam mit Fräulein Stromminger donnert er in einer Lawine zu Tal.

Und alles mit Musik!

Francesco Cilea

L'Arlesiana

Zur Feier des Abends sitzen wir nun festlich gekleidet neben dem Kuhstall eines kleinbäuerlichen Betriebes in Südfrankreich.

Die alleinerziehende Landwirtin hat einen schwachsinnigen Sohn, dessen älterer Bruder sich vom Heuboden stürzt, weil ihn das Verhältnis seiner Bekannten mit dem Stallknecht stört.

Ja, das singt sich schön!

Francesco Cilea

Adriana Lecouvreur

Hier geht es um Schauspieler und Prinzen, Eifersucht, Betrug, Ehebruch und andere gehobene Unterhaltung, die einer Großstadt ihren Glanz verleiht. Leider nicht Berlin. Wir befinden uns in Pariser Hochadelskreisen und in erregender Nähe der umschwärmten Schauspielerin Adriana Lecouvreur.

Als Opfer der Eifersucht findet sie schon nach zweieinhalb Stunden ihr frühes Ende im Duft eines vergifteten Veilchensträußchens. Also durch die Nase, ein Sinnesorgan, mit dem sie überhaupt nicht gerechnet hatte.

Gaetano Donizetti

Anna Bolena

Meine sehr verehrten Damen und Herren,

auch anläßlich eines Opernabends kann, nach einem Seitenblick auf Ihren Partner, die Überlegung Raum gewinnen, wie diesem sinnentleerten Lebensbund wirksam zu entkommen sei.

Ohne Ihrer Phantasie vorgreifen zu wollen, verweise ich da auf den englischen Monarchen Heinrich VIII., der sein Eheproblem mehrfach auf rigorose Weise löste.

Eine der betroffenen Damen, Anna Bolena, wurde noch nach ihrem vorzeitigen, gewaltsamen Ableben Titelheldin in Donizettis gleichnamiger Oper. Dies nur als Anregung.

Gaetano Donizetti

Der Liebestrank

Der Liebestrank ist so was Ähnliches wie *Tristan und Isolde*, nur in netter Form und halb so lang. Hier wie dort geht es um ein Getränk, nach dessen Genuß der dringende Wunsch entsteht, sich fortzupflanzen.

Bei Wagner stammt die riskante Mixtur bezeichnenderweise aus dem Medizinschränkchen von Isoldens Mutter. In Donizettis Oper werden dem Landwirt Nemorino von einem fahrenden Quacksalber zwei Flaschen dünnen Rotweins angedreht. Aber anders als Tristan behält Nemorino Leben, Lust und Libido, was letzten Endes gegen Mütter und für Rotwein spricht.

Gaetano Donizetti

La Favorita

Es dreht sich da um einen Skandal, den heutzutage die Medien aus Gründen vereinbarter Diskretion nicht ausschlachten würden. Hier der einfache Sachverhalt im Rahmen zeitgenössischen Musiktheaters:

Ein noch in der Ausbildung befindlicher Gottesmann verliebt sich auf dem Kirchentag in eine unbekannte Blondine und erfährt zu spät, es handele sich um die Freundin des Bundespräsidenten. Verwirrt verläßt der Novize sein Kloster und wird Bundeswehroffizier.

Schließlich ist die Blondine verblichen, der Offizier wird befördert, und der Präsident bleibt im Amt.

Klar.

Anton Dvořák

Rusalka

Die Teichnixe Rusalka – nach Nixenart halb Frau, halb Fisch – empfindet im Hinblick auf eine ersehnte Liebschaft mit dem ortsansässigen Prinzen, ihren Unterleib als unzweckmäßig.

Nach Rücksprache mit einer sachkundigen Hexe und Umwandlung in eine Menschenfrau versucht sie, dem Prinzen Appetit zu machen. Doch diesem, einem Mann mit feiner Zunge, ist nicht nach Fisch, und Rusalka plumpst mit Schwanz in ihren Teich zurück.

Von dort bezaubert sie uns – nun gewissermaßen als Verflossene – mit ihrem Lied: »Du lieber Mond«. Übrigens wird das Werk in der Originalsprache gesungen, aber soviel tschechisch werden Sie ja wohl noch können.

Umberto Giordano

Andrea Chenier

Eine Oper, die sich mit der Französischen Revolution beschäftigt, hat ein Problem: die Enthauptung des Titelhelden.

Denn auch für Sänger ist der Kopf ein wichtiger Körperteil, ohne den die Stimme sich nur mangelhaft entfaltet.

Aus diesem Grunde singt in Giordanos Musikdrama der Tenor seine letzte Arie schon bevor sein Haupt in die Kulisse rollt.

Aus Gründen der Ausgewogenheit kommt auch sein politischer Gegner zu Wort: Gérard, Revolutionär und ehemaliger Hausdiener, unterschreibt das Todesurteil.

Mit Personal hat man eben nur Ärger.

Charles Gounod

Faust

Diese Oper vertont die Geschichte des gealterten, wenn auch gelifteten Dr. Faust, der für eine zweite Jugend an der Seite eines Teenagers seine Seele dem Teufel verkauft.

Bejahrte Männer, die mit Eintritt in den Ruhestand einen erneuten Ausbruch des alten erotischen Jagdfiebers erwarten, sind, das können Sie mir glauben, auf den Pakt mit dem Teufel oder Tabletten angewiesen.

Von Goethe, einem der wenigen bekannten Autoren, die bisher keinen Literaturpreis erhalten haben, gibt es die ganze Affaire in einer weitschweifigen, seltener gespielten Bearbeitung ohne Musik.

Georg Friedrich Händel

Caesar in Ägypten

Zu Beginn der Oper erhält der verblüffte Caesar das vom Rumpf getrennte Haupt des Feldherrn Pompejus als Geschenk verpackt.

Caesar empfindet das als ungehörig, zumal Frau Pompejus, die ahnungslose Gattin des Geköpften, grade auf einen Tee vorbeigekommen ist.

Nach zweieinhalb Stunden Barockmusik liegen die Schuldigen in ihrem Blut, Kleopatra wird Königin von Ägypten und Freundin Caesars.

Ein normaler globaler Alltag also.

Georg Friedrich Händel

Saul

An einem festlichen Abend wie diesem zeigt sich die Bedeutung der Oper keineswegs nur im Genuß. Vor allem schließt sie Lücken unserer Allgemeinbildung. Zum Beispiel Israel.

Kennen Sie die erregende Geschichte von König Saul, seinen Töchtern Michal und Merab, Sohn Jonathan und David, der Goliath den Kopf entfernte?

Nicht? Sie sollten mehr in der Bibel lesen als in der Fernsehzeitung… 1. Buch Samuel, Kapitel 17 bis 31…

Im Oratorium *Saul* des Londoner Komponisten hören Sie die Arie des David: »O Lord, whose mercies numberless«, »O Herr, unendlich ist Deine Gnade«.

Es beten die Opernhäuser.

Georg Friedrich Händel

Agrippina

Der folgende Beitrag dient der kritischen Betrachtung einer Frau in leitender Position.

Schon 1200 Jahre nach Ableben der persischen Königin Semiramis macht die römische Kaiserin Agrippina von sich reden. Nach ihr ist sowohl die Oper des Komponisten Georg Friedrich Händel als auch eine Schweizer Versicherungsgesellschaft benannt.

Nicht zuletzt gebar Agrippina den Thronfolger, der als nachmaliger Kaiser Nero unter dem Namen Peter Ustinov bis heute den Ruhm des römischen Reiches mehrte.

Beachten Sie Kaiser Neros Arie, vorgetragen in einer Musikalität und Höhenlage, wie man sie aus der Brust seiner Majestät wohl erst beim Brand von Rom erneut bewunderte.

Ruggiero Leoncavallo

Bajazzo

Ehetragödien ohne Gesang werden heute kaum noch ernst genommen. Wirklich erschütternde Auseinandersetzungen dieser Art bleiben der Opernbühne vorbehalten.

In Leoncavallos *Bajazzo* erwischt Canio, der Inhaber und Hauptdarsteller einer dörflichen Wanderbühne, seine Gattin in flagranti mit einem gewissen Silvio. Einer der seltenen Fälle, in denen der Tenor gegen einen Bariton den kürzeren zieht.

Canio beginnt seine verzweifelte Arie mit den Worten: »Recitar! Mentre preso dal delirio – Jetzt spielen, wo mich Wahnsinn umkrallt…«, in einer Stimmung also, die unter Bühnenkünstlern weit verbreitet ist.

Wolfgang Amadeus Mozart

Die Entführung aus dem Serail

Dieses Singspiel spielt in der Türkei, wo sich seinerzeit viele Türken aufhielten.

Man erlebt zunächst einen spanisch-katholischen Gärtner, dem es gelingt, einen strenggläubigen türkischen Hausmeister zu alkoholisieren, um zwei christlichen Damen die Flucht zu ermöglichen. Sodann, eine Arie später, schwört der ernüchterte Moslem Rache.

Es spräche vieles dafür, Nahostkonflikte auch heute durch das Absingen von Arien auszutragen.

Wolfgang Amadeus Mozart

Figaros Hochzeit

In Mozarts Werk beharrt der (verheiratete) Vorgesetzte des Bräutigams auf dem Jus primae Noctis, dem Recht nach Gutsherrenart auf die erste Nacht mit der Braut, und eröffnet damit ein ebenso chaotisches wie kostspieliges Musiktheater.

In dem dreistündigen Eifersuchtsdrama wird zwar mehr gesungen, als es bei ehelichen Auseinandersetzungen sonst üblich ist, aber im Grunde hat sich in diesem Punkt bis heute kaum was geändert. Nur macht man eben nicht jedesmal eine Oper draus.

Wolfgang Amadeus Mozart

Don Giovanni

Bei Don Giovanni handelt es sich um jenen Kavalier, der zur Abbuße seiner erotischen Sünden zur Hölle fuhr.

Es bleibt die Frage offen, ob sich für ihn die Sache nicht doch gelohnt hat. In Spanien allein waren es 1003 vollzogene Liebschaften.

Da kann auch ein fleißiger deutscher Pauschalreisender nicht mithalten. Es ist zu bezweifeln, ob unter diesen Umständen noch von Erholung die Rede sein kann.

Wolfgang Amadeus Mozart

Così fan tutte

Die Oper *Così fan tutte* des in Österreich sehr bekannten Komponisten Mozart ist derart unanständig, daß sie in Deutschland meist italienisch gesungen wird.

Ein erfahrener älterer Mann wettet mit zwei jüngeren, daß ihre beiden Bräute – wie alle Frauen – durch andere Männer jederzeit verführbar seien. Die Wette gilt.

Beide Herren verabschieden sich von ihren Verlobten mit der Behauptung, die Pflicht riefe sie auf einen fernen Kriegsschauplatz. Zwanzig Minuten später kehren sie mit angeklebten Bärten als zugereiste Ausländer zurück und bedrängen die Damen, was das Zeug hält. Ich sage es ungern, aber noch vor Ende der Oper haben beide Liebhaber, unterstützt von der Kammerzofe, jeweils die Braut des anderen rumgekriegt.

Man versteht die Äußerung des empörten Beethoven, ihm wäre zu dieser unpassenden Geschichte keine Note eingefallen. Aus heutiger Sicht sieht die Sache allerdings anders aus: Die Damen haben nur bewiesen, daß sie nichts gegen Ausländer haben.

Wolfgang Amadeus Mozart
Titus

Unter Cineasten hält sich der Irrtum, es seien die meisten römischen Kaiser eigentlich amerikanische Filmschauspieler gewesen wie Rex Harrison und Peter Ustinov. Das ist zumindest ungenau. Titus beispielsweise war hauptberuflich Kaiser.

Im Jahre 79 wäre er fast einem Racheakt zum Opfer gefallen, als er auf der Suche nach einer neuen Gespielin eine paarungsfreudige Dame aus besserer Gesellschaft verschmähte. Wir wissen das durch die Oper *La Clemenza di Tito* von Wolfgang Amadeus Mozart, dem Fachmann für schlüpfrige Operntexte.

Die Attentäter werden gefaßt, aber die Affaire endet gut. Monarchen haben in solchen Dingen einfach mehr Übung.

Jacques Offenbach

Hoffmanns Erzählungen

Hoffmann, ein in der Provinz wirkender Erzähler und Verfasser volkstümlichen Liedguts, liebt Stella, eine lokale Operngröße.

Diese ist entschlossen, sich Herrn Hoffmann nach der Vorstellung hinzugeben. Leider bringt Herr Hoffmann während ihrer Darbietung seine eigenen launigen Verse im benachbarten Biergarten angetrunken zum besten.

Die Künstlerin ist empört und beschließt, sich künftig von Hoffmann nichts mehr erzählen zu lassen.

Wir sind da weniger empfindlich und lauschen der Geschichte von Klein-Zack aus Eisenack.

Carl Orff

Carmina Burana

Die *Carmina Burana* von Carl Orff beruhen auf einer Sammlung mittelalterlicher Lyrik und werden daher lateinisch und mittelhochdeutsch gesungen. Zum besseren Verständnis tragen sie den Untertitel *Cantiones profanae cantoribus cantandae collitantibus instrumentis atque imaginibus magicis.*

Ja, da weiß man doch, woran man ist!

Giacomo Puccini

Manon Lescaut

Vor 200 Jahren wurde Amerika sinnvoll genutzt als Strafkolonie für kriminelle Europäer.

Im Verlauf des Musikdramas wird eine straffällige Dame von Frankreich nach Amerika deportiert und gerät dort Ende des vierten Aktes in eine der Wüsten des Landes – zwar mit ihrem Geliebten, aber ohne Auto und Handy.

Wie erwartet, äußert Madame Lescaut ihren Unmut durch eine Arie.

Giacomo Puccini

La Bohème

Es gibt keine Oper, in der ergreifender gefroren, geliebt und gehustet wird. Man weiß von Aufführungen, in denen sich die Leiden der Bühne ins erschütterte Parkett fortsetzten.

Wir leben anderthalb Stunden in einer armseligen Pariser Künstlerwohngemeinschaft und trösten uns mit der Tatsache, daß Immobilien dieser Art inzwischen längst mit Lift und Zentralheizung ausgestattet sind.

Im zweiten Akt ist die Welt noch in Ordnung. Die Freunde haben grade gutgelaunt zwei Tische vor dem Café Momus besetzt, oder – in anderen Inszenierungen – auf einer Aluminiumleiter Platz genommen, als Musette, die verflossene Geliebte Marcellos, am Arm eines alten, aber wohlhabenden Liebhabers das Café betritt.

Der rüstige Verehrer wird von ihr als Mumie bezeichnet, wofür ich übrigens – und da teile ich wohl die Ansicht meiner anwesenden Altersgenossen – nicht das geringste Verständnis habe.

Giacomo Puccini

Tosca

Ein Aufenthalt in Rom ist nur dann ein Gewinn, wenn man sich bei täglichen Unternehmungen nicht überanstrengt.

Die Sängerin Floria Tosca beispielsweise und ihr Bekannter, der Kunstmaler Mario Cavaradossi, verhelfen vormittags in der Kirche Sant'Andrea della Valle einem gesuchten Staatsfeind zur Flucht, ermorden nachmittags im Palazzo Farnese den Polizeipräsidenten und treffen sich abends auf der Engelsburg zur standrechtlichen Erschießung.

Das ist für den Anfang einfach zuviel. Darum endet der Tag dann auch eher enttäuschend.

Giacomo Puccini

Madama Butterfly

Die Oper *Madama Butterfly* berichtet von den Folgen einer Vergnügungsreise per Schiff.

Ein gewisser Pinkerton, US-Amerikaner auf Kreuzfahrt durch die Inseln Ostasiens, nutzt den Landgang in Nagasaki, um eine fünfzehnjährige Japanerin spaßeshalber zu heiraten. Er begibt sich unter Hinterlassung anderer Umstände in die Staaten zurück, heiratet dort eine höhere Tochter und ankert drei Jahre später wieder in Nagasaki, um sein japanisches Kind abzuholen. Die Kindsmutter entleibt sich.

Ich denke, so was ist bei jeder Pauschalreise im Fahrpreis inbegriffen, und man soll auch nicht an allem herumnörgeln, was der Unterhaltung dient.

Giacomo Puccini

Gianni Schicchi

Florenz. Trauerfall in hysterischer Großfamilie.

Dahingeschiedener Erbonkel, Wiederbelebung und Auswechselung des Verstorbenen, Verlust des Erbgutes und Bedrohung der Altersversorgung.

Nie wurde ein familiäres Desaster schöner in Noten gesetzt.

Giacomo Puccini

Turandot

Die Kenntnisse des Durchschnittsdeutschen von den Geheimnissen Chinas beschränken sich auf Frühlingsröllchen. Diese allein erklären die historische Bedeutung des Riesenreiches jedoch nur unvollkommen. Der vorwiegend lebensnah komponierende Italiener Puccini trifft mit seiner letzten Oper den Kern der Sache.

Turandot, als heiratsfähige Tochter des Kaisers von China, gibt den Bewerbern um ihre Hand drei Rätsel auf. Schon *eine* falsche Antwort hat die Enthauptung des Kandidaten zur Folge.

Diesem einfachen, natürlichen Ausleseprinzip zur Aufzucht brauchbarer Ehegatten und Väter ist unsere westliche, auf primitiver Leidenschaft beruhende Partnerwahl einfach nicht gewachsen. Da liegt die Zukunft Chinas.

P.S.: Im letzten Akt des Werkes empfiehlt es sich, der Anweisung des Tenors zu folgen: »Nessun dorma«, »Keiner schlafe«. Man will ja nicht versäumen, worauf man zwei Stunden gewartet hat.

Gioacchino Rossini

Der Barbier von Sevilla

Der Friseur nimmt als Handwerker eine Sonderstellung ein, denn sein Arbeitsbereich befindet sich – anders als beim Klempner – am Körper der Kundschaft.

Der Gedanke an ausschweifende Vertraulichkeiten des Haarkünstlers beflügelte die Phantasien lüsterner Opernkomponisten.

Gioacchino Rossini, vor allem geschätzt als Vater des nach ihm benannten Rinderfilets auf Toast mit Gänseleber, verwickelt in seiner Oper *Der Barbier von Sevilla* einen überanstrengten Herren- und Damenfriseur in ein Chaos libidinöser Zweideutigkeiten.

Gioacchino Rossini

Semiramis

Vor etwa 4000 Jahren lebte im fernen Babylon eine Königin, die gewisse häusliche Schwierigkeiten in einer Weise löste, die heute überall auf Verständnis stößt.

Sie brachte ihren Gatten um und nutzte den entstandenen Freiraum zur Selbstverwirklichung bei eigenwilliger Gartenarbeit.

Wir verdanken ihr eines der sieben Weltwunder, das auch ihren Namen trägt: die hängenden Gärten der Semiramis. Zügeln Sie Ihre Phantasie.

Camille Saint-Saëns

Samson und Dalila

Der Komponist entnahm den Inhalt für seine Oper dem Alten Testament... wie wir alle wissen: dem Buch der Richter, Kapitel 16, Vers 4 bis 30.

Gegen die übermenschliche Körperkraft Samsons sind seine Feinde machtlos. Man weiß jedoch um seine Schwäche für attraktive Frauen. Also wird die stadtbekannte Schönheit Dalila auf ihn angesetzt mit dem Auftrag, herauszufinden, wo die Wurzel seiner Kraft zu suchen sei.

Dalila muß nicht lange suchen. Nach dem Vorspiel, übrigens in b-Moll, entdeckt sie das Gesuchte in den Locken ihres Gastes. Noch schlafend wird Samson geschoren und mühelos überwältigt.

Daß Samson dann auch noch mit kahlem Kopf den Tempel der Philister mit bloßen Händen zum Einsturz bringt, mag ein Trost sein für alle, die den Verlust ihres Haupthaares zu beklagen haben.

Camille Saint-Saëns

Der Karneval der Tiere

Niemand hätte die beschwerliche Reise und den ungewohnten Kostümzwang auf sich genommen, wenn es sich nicht um ein kulturelles Ereignis von erregender Einmaligkeit handelte: den Karneval der Tiere.

Eine nicht mehr ganz junge Waldameise tippt dem vor ihr sitzenden Erdferkel auf die Schulter. »Entschuldigen Sie, ich kann nichts sehen, wenn Sie den Hut aufbehalten.« Mürrisch nimmt das Erdferkel seinen Kopfputz ab, ein sperriges Flechtwerk aus Spargelkraut und Hühnerfedern. Die Ameise bedankt sich und läßt den Blick über die Urwaldlichtung schweifen. 4791 seltsam kostümierte Tiere zählt sie allein auf den Sitzplätzen der Arena, ganz zu schweigen von unzähligen Affen und Vögeln, die sich in den überlasteten Wipfeln der Bäume drängen.

Soeben kommt eine leichte Unruhe auf, denn der Mond löst sich zum Zeichen des Beginns aus den Ästen des Mangobaumes. »Ich glaube, ich höre etwas«, sagt eine Taube, und sie hat so unrecht nicht, denn dort drüben neben dem Eingang, in den Zweigen der kahlen Eiche, setzen 64 Uhus ihre Instrumente an… und jetzt hebt der Marabu den Taktstock… die beiden Eichhörnchen an den Klavieren greifen in die Tasten… und da tritt er in die Arena, mit der ganzen königlichen Verwandtschaft, seine Majestät, der Löwe…

Königlicher Marsch der Löwen
Andante maestoso – Allegro non troppo – Più allegro

Der Löwe hat unter mäßigem Beifall zwei Runden abgeschritten und gelangweilt in die Menge gewinkt. Sodann hat er sich samt seiner Gattin, seinen drei Söhnen, einer Tochter, fünf Vettern und Cousinen sowie einer fehlfarbenen Tante auf den Ehrenplätzen niedergelassen und die Augen geschlossen.

»Kommen jetzt die Hühner?« fragt der Fuchs seine Lebensgefährtin. »Nimm dich zusammen«, will sie sagen, aber es verschlägt ihr die Sprache. Eine kunstvolle, fünf Meter hohe Pyramide aus 77 gutgewachsenen braunen Hühnern trippelt herein… auf ihrer Spitze balanciert ein Hahn im Kostüm des Kaisers Napoleon!

Hühner und Hähne
Allegro moderato – Animato

Die Hühner eilen erhitzt dem Ausgang zu, der Hahn nimmt starren Auges den Applaus entgegen... und da stürmen sechs wilde Esel in die Manege...

Wilde Esel
Presto furioso

»Bravo«, applaudieren die Säugetiere, auch alle Fische, Vögel und Insekten. Nur ein auffällig nackter Mehlwurm schüttelt den Kopf und sagt: »*Ich* bevorzuge das Pariser Schildkröten-Ballett... oh, sie kommen... sie kommen... seht nur, wie taktvoll sie die Beine heben!«

Schildkröten
Andante maestoso

Der Mehlwurm wirft den Schildkröten Kußhändchen zu. »Toll«, sagt er. Sein Nachbar, ein afrikanischer Elefant mit angeklebtem Schnurrbart, teilt diese Ansicht nicht: Einer Schildkröte fehle zum Tanz die nötige Anmut, meint er von oben herab und fügt hinzu, er kenne überhaupt nur eine einzige lebende Tänzerin von Format, seine Gattin nämlich... und da schwingt sie auch schon herein, in wehende weiße Schleier gehüllt, Kopf und Rüssel stolz erhoben, die Augen halb geschlossen in verhaltener Leidenschaft.

Der Elefant
Allegretto pomposo

»Na, was sagen Sie nun?« Der Elefant sieht dem Mehlwurm scharf ins Auge. Dieser möchte weder lügen noch den empfindlichen Elefanten unnötig reizen, und so sagt er: »Tja …« Der Elefant hat eine Erwiderung auf der Zunge, aber ganz unerwartet hüpfen Känguruhs mit weißen Häubchen zwischen die Reihen, um Erfrischungen anzubieten.

Känguruhs
Moderato

Ein verspätetes Nilpferd findet seinen Sitz in der elften Reihe von einem Krokodil belegt, das zu schlafen scheint. Einen Augenblick belauscht das Nilpferd die gleichmäßigen Atemzüge des Krokodils und nimmt dann vorsichtig auf dem unteren Ende des länglichen Tieres Platz.

Inzwischen haben vier Esel ein kugeliges Aquarium in die Manege getragen. Sieben lachsfarbene japanische Schleierschwänze schwimmen darin im Kreise und lassen silberne Bläschen steigen, wobei sie zu lächeln versuchen.

Das Aquarium
Andantino

... Und während die Esel das Aquarium samt Schleierschwänzen von dannen tragen, singen sie eine alte Weise von Liebe, Lust und Leid.

PERSÖNLICHKEITEN MIT LANGEN OHREN
Tempo ad libitum

Ein Murmeltier hat sich die Ohren zugehalten. »Heute singt auch jeder Esel«, sagt es und beäugt den Kuckuck im schlechtsitzenden Federkleid, der für seine Gesangsdarbietung im höchsten Wipfel des Affenbrotbaumes Platz genommen hat.

DER KUCKUCK
Andante

Der Kuckuck ist verstummt, und es herrscht tiefe Stille. Das Erdferkel hat verweinte Augen. Auch der Elefant... auch das Nilpferd und der Fuchs... die Ameise und der Mehlwurm auch...

»Kommt jetzt der Schwan?« fragen drei junge Katzen. »Nein... die Kolibris«, sagt die alte Katze... »Seht nur... 2000 Kolibris!«

DAS VOGELHAUS
Moderato grazioso

Und... husch... wie sie kamen, schwirren sie davon... schräg durch die kahle Eiche, daß die 64 Uhus sich ducken müssen... »Kommt jetzt der

Schwan?« fragen die jungen Katzen. »Sitzt grade und haltet den Schnabel«, sagt die Alte ... »Schaut! ... Die beiden Eichhörnchen geben zwei Wasserschweinen Klavierunterricht!«

DIE PIANISTEN
Allegro moderato

Noch während die Eichhörnchen und Wasserschweine zierliche Verbeugungen machen, tritt ein dicklicher Biber in die Runde.

Leider, so sagt er, finde der Gesang der Fossilien nicht wie vorgesehen statt. Das hohe Alter des einst weltberühmten Gesangsquartetts – man spreche von mehreren Millionen Jahren – habe es an der Reise gehindert. Zum Glück jedoch seien die 64 Uhus bereit, die Fossilien-Schlager auf ihren Instrumenten vorzutragen. Er wünsche angenehme Unterhaltung.

»Kommt jetzt der Schwan?« fragen die jungen Katzen. »Pscht!« sagt die Alte.

DIE FOSSILIEN
Allegro ridìcolo

Nach freundlichem Beifall, vornehmlich aus den Reihen älterer Leguane, Nashörner und Schildkröten, nähert sich das Fest dem Höhepunkt: 29 Maulwürfe haben ein Bachbett vom nahen Urwaldsee bis zum Rande der Manege gewühlt… und nun löst der Biber das versteckte Wehr… gänzlich unerwartet wächst ein Teich inmitten der verblüfften Festgemeinde… und da kommt der Schwan hereingeglitten… im Mondlicht silberweiß… geschmückt mit duftenden Hibiskusblüten…

»Ein eitler Schwachkopf«, sagt der Fuchs. Doch niemand hört es.

Der Schwan
Andantino grazioso

»Da capo!« applaudiert ein gesprenkeltes Kaninchen… aber das Fest ist zu Ende. Schon gibt der Löwe das Zeichen zum Aufbruch. Der Marabu hebt noch einmal den Taktstock… die Eichhörnchen greifen in die Tasten… die Uhus fallen ein… der Löwe schreitet dem Ausgang zu… und mit ihm die Elefanten und Erdferkel, die Biber, Ameisen, Mehlwürmer, Maulwürfe, Känguruhs, Katzen und Schildkröten, die Esel, Hühner, Füchse und Kolibris… hüpfend und tirilierend entschwinden sie hinter Bäumen und Bergen, woher sie gekommen waren.

Finale
Molto allegro

Richard Strauss

Salome

Ein Opernproblem.

Salome (Sopran), die Stieftochter des Königs Herodes (Tenor), fühlt sich gedemütigt durch einen Staatsgefangenen, den Propheten Jochanaan (Bariton), der es abgelehnt hatte, sich von ihr küssen zu lassen.

Der König, als Stiefvater mit nicht ganz astreiner Neigung zu seiner Tochter, bittet Salome um einen Ausdruckstanz, bei dem sie auch den letzten Schleier fallen zu lassen pflegt.

Eine dankbare Aufgabe ohne Gesang für hemmungslose Soprane.

Salome tanzt gegen das Versprechen der Intendanz, ihr werde nach dem Auftritt jeder Wunsch erfüllt, und sie erhält auf einer Silberschüssel, was sie verlangt: den Kopf des Jochanaan.

Solche Verträge sind der Ruin jedes Opernhauses.

Richard Strauss

Der Rosenkavalier

Dieses Werk hat ein ungewöhnliches Verdienst: es zeigt die Männer als solche von ihrer dämlichsten Seite. Nur der jugendliche Liebhaber hat unsere Sympathie, und den singt eine Frau!

Sonderbar: Man gewöhnt sich an alles…

Richard Strauss

Die ägyptische Helena

Im Gegensatz zum heutigen üblen Gerangel um Macht, Geld, Grenzen, Öl und Glaubensfragen kämpfte man im Altertum nur um wirklich wesentliche Dinge. Zum Beispiel um eine Frau.

Vor 3000 Jahren hatte Paris, ein Nachwuchspolitiker aus Troja, Helena, die Gattin des Königs von Sparta und schönste Frau der Welt, geraubt und nach Troja verbracht.

Nach zehn Jahren Krieg weilt Helena wieder an der Seite ihres königlichen Partners, der sie aus Ärger über den kostspieligen Feldzug auf einer gemeinsamen Urlaubsreise zu töten beabsichtigt.

Im letzten Augenblick verhindert die Zauberin Aithra die Untat, holt die verdrossenen Eheleute an Land und verabfolgt ein Spezialgetränk. Das umgehend wieder verknallte Paar vergißt die schon vor Jahren vollzogene Vermählung und genießt kostenlos eine zweite Hochzeitsnacht.

Fragen Sie Ihren Arzt oder Apotheker.

Richard Strauss

Ariadne auf Naxos

In unseren Tagen ermöglicht allabendlich die sogenannte Fernbedienung durch raschen Knopfdruck ein abwechslungsreiches Bildschirmprogramm.

Schon vor 100 Jahren glückte Richard Strauss ein ähnlicher Effekt mit der Verbindung zwischen einem leichtfertigen Lustspiel und Ariadne, der klassischen Tragödin, wohnhaft auf Naxos.

Leider fällt die Letztere im Hinblick auf die bedrohlichen Auswüchse moderner Unterhaltung in tiefe Depression.

Beachten Sie die Arie: »Es gibt ein Reich«, von Ariadne ohne Werbeunterbrechung vorgetragen.

Giuseppe Verdi

Seit die »Vereinigten Dienstleistungsgewerkschaften« sich unter der Kurzform »ver.di« vereinigt haben, hat dieser Name nun auch in Deutschland einen gewissen Bekanntheitsgrad. Jedenfalls unter Gewerkschaftern.

Um den gleichnamigen italienischen Opernkomponisten vor der Vergessenheit zu bewahren, bringen wir Glanzlichter aus dem Werk des Künstlers zu Gehör.

Nabucco

Aus aktuellem Anlaß wird eine Oper vorgestellt, die sich mit dem Nahostkonflikt befaßt.

Das Werk spielt in biblischer Zeit unter Hebräern und Hebräerinnen und Babyloniern und Babylonierinnen … Irakern und Irakerinnen also.

Der babylonische Diktator, der sich »Nebukadnezar« – unter Freunden »Nabucco« – nennt, zürnt seiner Tochter, die sich in einen Hebräer verguckt hat, verwüstet Jerusalem und versichert, es sei nicht böse gemeint.

Die dort wohnhaften Bürgerinnen und Bürger hebräischer Sprache, die sich in den tausend Jahren seit ihrem Umzug aus Ägypten hier gut eingelebt haben, geraten vorübergehend in babylonische Gefangenschaft und bringen dort in italienischer Sprache den seither populären Gefangenenchor zu Gehör.

Für die politische Korrektheit des Textes haftet das 1. Buch Mosis.

Giuseppe Verdi

Ernani

Ernani hat als Verdi-Oper mit sechs Buchstaben einen gewissen Bekanntheitsgrad bei Rätselfreunden.

Es geht in diesem Werk um drei Herren, die alle an einem Knochen nagen: an Fräulein Elvira. Als besonders verbissen erweist sich ein gewisser Don Ruy Gomez de Silva, Elviras Onkel. Das könnte einem angesichts der Probleme, die zur Zeit die Welt bewegen, ja ziemlich egal sein, wenn nur der Onkel nicht so schön sänge.

Giuseppe Verdi

Attila

Im Jahre 452 fielen die Hunnen unter König Attila in Oberitalien ein. Als sie zu Tausenden mit ihren Pferden die Straßen verstopften und in den Trattorien kein Platz mehr frei war, schlug die Geburtsstunde des modernen Fremdenverkehrs.

Leider ließ Attila seinerzeit das nötige Fingerspitzengefühl vermissen: Er begehrte Fräulein Odabella, die Tochter des einheimischen Landrates, zur Frau und wurde Opfer eines nächtlichen Überfalls durch Foresto, Odabellas pingeligen Verlobten, der seine Braut auch in der Hochsaison mit keinem Hunnenkönig zu teilen wünschte.

Giuseppe Verdi

Macbeth

Bekanntlich sind Frauen, was die abwägende Vernunft betrifft, dem Mann als solchem überlegen.

In Verdis Oper *Macbeth* bemängelt Lady Macbeth die Karriere ihres Ehemanns und rät ihm, seine Konkurrenten kaltzumachen.

Es erfolgt die Tötung des Vorgesetzten, Ermordung des hinderlichen Kollegen, Abschlachtung der Ehefrau eines guten Bekannten und ihrer schulpflichtigen Kinder. Das Ganze allerdings ohne Liebesakt, daher jugendfrei ab sechs Jahren.

Es ist dieser angeborene Sinn für das Praktische, der die Frau auch auf ihrem Platz in Politik und Wirtschaft unentbehrlich macht.

Giuseppe Verdi

Rigoletto

Die Tragödie *Rigoletto* vollzieht sich am herzoglichen Hofe von Mantua, einer oberitalienischen Kleinstadt in der Po-Ebene.

Sie erreichen Mantua auf der A 22 über Brixen, Bozen, Verona, wählen vor Mantua die nördliche Ausfahrt und halten sich in der Altstadt links.

Dort finden Sie den herzoglichen Palast. Der Herzog selbst paart sich mit jeder attraktiven Touristin.

Soviel zu *Rigoletto.*

Giuseppe Verdi

La Traviata

In dieser Oper läuft ein junger Mann Gefahr, sich an der Seite einer ebenso lebenslustigen wie leidenschaftlichen Gespielin zu verzetteln. Auch das Eingreifen des Vaters macht die Sache nur noch schlimmer.

Interessant, wie sich im Lauf der Generationen ein Problem verschiebt:

Heute haben junge Menschen, wenn sie im richtigen Alter an einem PC mit Pentium-4-Prozessor, 3400 Megahertz, Breitband-Internetanschluß und geräumiger Festplatte sitzen, nicht einmal Zeit zur Paarung!

Giuseppe Verdi

Ein Maskenball

Wir beobachten einen verheirateten Sopran namens Amelia auf der Suche nach Kräutern gegen verbotene Liebeslust.

Zuvor aber hören wir Renato, Amelias Ehemann, der seine Gattin eines Seitensprungs mit dem Chef verdächtigt. Zu Unrecht. Ein seltener Fall.

Giuseppe Verdi

Die Macht des Schicksals

Wir hätten da noch ein weiteres Beispiel trostloser Familienverhältnisse.

Leonora, eine aufmüpfige Tochter aus bester spanischer Gesellschaft, entflieht dem Elternhaus und folgt ihrem Geliebten, einem Gelegenheitsarbeiter zweifelhafter Herkunft. Vater, Bruder und sie selbst finden ein mörderisches Ende.

Wir erkennen hier die Spätfolgen verfehlter antiautoritärer Erziehung. Bei herkömmlicher Pädagogik wäre Leonora jetzt mehrfache Mutter und, als Gattin eines pensionierten Toreros, längst geschieden.

Giuseppe Verdi

Don Carlos

»Sie hat mich nie geliebt«, klagt der König von Spanien. Er meint Elisabeth, die Verlobte seines Sohnes, der seinerseits eine Prinzessin Eboli nie geliebt hat, die ihn jedoch liebt, wohl weil der König sie nie geliebt hat.

Kommt hinzu, daß Elisabeth Frau Eboli nicht liebt und weder Don Carlos vom Vater noch der Vater vom Sohn geliebt wird. Nur Don Carlos' besten Freund, einen Marquis Posa, hat vorübergehend jeder lieb, zumal er sein Leben läßt.

Die Geschichte ist eindrucksvoll, aber mit Musik eben doch wohl besser als ohne.

Giuseppe Verdi

Othello

Nur wenige Feldherren haben das Glück, lediglich durch die Erdrosselung der eigenen Gattin in die Geschichte einzugehen. Schade, möchte man sagen.

Der Bundesverteidigungsminister bemerkt hierzu, es habe sich seinerzeit um eine veraltete Methode gehandelt, die keine Rückschlüsse zulasse auf die heutige Schulung verheirateter Berufsoffiziere.

Giuseppe Verdi

Falstaff

Es ist kaum zu begreifen, warum sich gegen die diffamierende Darstellung des Mannes auf der Opernbühne noch kein Protest erhoben hat.

Es geht dabei nicht so sehr um Männer der Tat wie Othello, Bajazzo oder Don José, die sich jeweils ihrer Lebensgefährtin gewaltsam entledigen. Das ist ja zu verstehen und hat eine gewisse Größe.

Ganz anders aber liegt der Fall in Verdis letztem Werk, der Oper *Falstaff*. Hier besteht das gesamte männliche Ensemble fast ausnahmslos aus Betrügern, gehörnten Ehemännern, ungeschickten Verführern und korrupten Angestellten.

Schlimmer noch: Der feiste englische Edelmann Sir John Falstaff beleidigt die Ehre im allgemeinen und seine eigene im besondern durch einen schamlosen Monolog. Die Ehre sei nichts als zwei Silben, man könne sie nicht einmal essen und daher gut auf sie verzichten. Diese Haltung ist schon empörend genug … muß dazu auch noch gesungen werden?

Richard Wagner

Rienzi

Vor Jahren gewinnt in Rom ein parteipolitisch geschulter Jurist namens Rienzi die Wahl zum Volkstribun.

Der begabte Volksredner und friedliebende Sozialist setzt sich umgehend an die Spitze einiger Bataillone und vernichtet die ungeliebte kapitalistische Oberschicht.

Danach fleht Rienzi beim Allmächtigen um die Gunst, in Bayreuth auftreten zu dürfen. Diese Bitte wurde bis heute nicht erhört.

Richard Wagner

Tannhäuser

Es geht da um einen Berufssänger namens Heinrich, der aus dem anderen Teil Deutschlands in den Westen verzog, um sich dort zügellosem Wohlleben hinzugeben, während Elisabeth, die Dame seines Herzens, in Eisenach verblieben war.

Unverhofft erfährt sie von seiner Absicht heimzukehren, um anläßlich eines Minneliederabends wieder in Eisenach aufzutreten.

Voller Vorfreude eilt Elisabeth in die Halle, in der sie den Geliebten so oft hat singen hören. Dort hängt sie ihren Gedanken nach, wobei ihr auch die überhöhten Baukosten des Kulturzentrums in den Sinn kommen: »Dich, teure Halle, grüß ich wieder.«

Richard Wagner

Lohengrin

Elsa von Brabant, eine Dame der oberen Gesellschaftskreise, wird beschuldigt, ihren kleinen Bruder beseitigt zu haben.

Da sich unter den Anwesenden am Ufer der Schelde kein Volljurist befindet, wird der Einfachheit halber ein Gottesgericht anberaumt.

In letzter Minute besinnt sich Elsa auf einen virtuellen Rechtsbeistand, der ihr kürzlich im Traum erschienen war, leider ohne Angaben über Name, Adresse, Alter und Geschlecht zu hinterlassen.

Auf ihre dringliche, im Freien als Arie vorgetragene Bitte erscheint dann Lohengrin auf dem Wasserwege. Ein in der deutschen Justiz selten gewordener Prozeßverlauf.

Kein Wunder, daß Lohengrin sich jede Frage nach seiner Herkunft verbittet und in der Brautnacht einfach behauptet, er komme aus Glanz und Wonne. Eine halbe Stunde später erfährt man dann, er sei in Monsalvat zu Hause. Wem käme das nicht spanisch vor.

Richard Wagner

Die Meistersinger von Nürnberg

Wir stoßen auf einen mittelalterlichen Handwerkerverein, der nach Feierabend selbstkomponiertes Liedgut pflegt. Ein schrecklicher Gedanke. Die Laienkünstler singen zudem solo nach derart verstaubten Regeln, daß Neulingen jeder Ton im Halse steckenbleibt. Glücklicherweise hat sich Richard Wagner der Sache angenommen.

In nur viereinhalb Opernstunden verhilft ein älterer Schuster der modernen Gesangskunst zum Durchbruch und verzichtet auf eine sympathische Blondine. Dies tut er, wenn ich das Finale richtig verstanden habe, für Deutschland.

RICHARD WAGNER

Der Ring des Nibelungen

Die Täter im gewaltigsten Drama der Musikgeschichte sind eigentlich ganz nette Leute. Nur eine gemeinsame Leidenschaft wird ihnen zum Verhängnis: Sie wollen mehr besitzen, als sie sich leisten können, mehr Macht, als ihnen zusteht. In blindem, lieblosem Gewinnstreben vernichten sie sich selbst und ihre Welt.

Zum Glück gibt es ja dergleichen nur auf der Opernbühne.

Das Rheingold

Der erste Teil der Tetralogie beginnt in jener vorgeschichtlichen Zeit, in der es noch möglich war, im Rhein zu baden. Getragen von 136 Takten in Es-Dur versinken wir über den Grund des Flusses an den Ursprung der Welt.

Mit dem Auftauchen der Rheintöchter, drei unbekleideten, passionierten Schwimmerinnen, ist das Ende der Unschuld vorprogrammiert. Das bekannte Gesangstrio singt ebensogut unter wie über Wasser und hört auf die Künstlernamen Woglinde, Wellgunde, Floßhilde. Unverantwortlicherweise sind die Damen mit der Bewachung eines hochbrisanten Wertobjektes, des sogenannten Rheingoldes, betraut, ohne im mindesten hierfür geeignet zu sein. Sie lassen sich vor Ort ansprechen von einem gewissen Alberich aus Nibelheim.

Die Damen wittern willkommene Kurzweil und treiben mit dem zwergenwüchsigen Voyeur ein aufreizendes, übles Spiel, wobei sie seinen Stolz als Liebhaber empfindlich verletzen. Schließlich geben sie in Kicherlaune auch noch das Betriebsgeheimnis preis: Maßlose Macht über die Welt fällt demjenigen zu, der das Rheingold zu einem Ring zu schmieden vermag und dafür zeitlebens auf Liebe verzichtet.

Kein Wunder: Alberich fühlt sich ohnehin um den erotischen Erfolg betrogen und greift statt dessen nach der Weltmacht. Er flucht auf die Liebe, raubt das Gold und verschwindet in Richtung Nibelheim. Das Unheil nimmt seinen Lauf.

Wenn die Rheintöchter, sagen wir mal… etwas entgegenkommender gewesen wären, hätte man sich drei weitere aufwendige Opern sparen können. Das sollte zu denken geben.

Szenenwechsel an die Erdoberfläche, in die noblen Regionen der Götter. Im Hintergrund erhebt sich ein Felsmassiv. Sein Gipfel hat durch einen voluminösen Neubau seine natürliche Schönheit eingebüßt.

Auf einer Wiese im Vordergrund schläft der Bauherr. Neben ihm erwacht seine Gattin Fricka und eröffnet mit den Worten »Wotan, Gemahl, erwache« eine dieser klassischen ehelichen Auseinandersetzungen, die dem Ehemann keine Chance bieten. Natürlich ist die Ehefrau im Recht … leider macht sie das nicht sympathischer. Was war geschehen?

Wotan ließ durch die Firma Fasolt & Fafner den aufwendigen Familiensitz Walhall errichten als Festung gegen die zerstörenden Mächte des Bösen, ohne seine Frau über eine skandalöse Besonderheit dieses Bauvorhabens zu informieren.

Hatte er doch – in Ermangelung des nötigen Kapitals – den Brüdern Fasolt und Fafner die Göttin Freia, seine eigene Schwägerin, als Honorar zugesichert. Eine Regelung, die auch im harten Geschäftsleben unserer Tage eher zu den Ausnahmen gehört.

Die Gebrüder Fasolt und Fafner, zwei Bauunternehmer mit der Schuhgröße 58, treffen ein, um vertragsgemäß die Göttin Freia abzuholen. Diese hat nicht die mindeste Lust, ihr Leben künftig an der

Seite zweier Monster zu verbringen, und protestiert energisch bei ihrer Familie. Leider vergeblich. Ein Augenblick von hoher Peinlichkeit.

Da erscheint in letzter Minute der mißliebige Feuergott Loge, der seinerzeit den unseligen Vertrag mit ausgehandelt hatte. Als amoralischer Intellektueller ist er der einzige, der Wotan noch aus der Patsche helfen kann.

Loges Lösung ist verblüffend einfach, wenn auch außerhalb der Legalität: Man brauche nur in einer Nacht-und-Nebel-Aktion nach Nibelheim zu fahren, Alberich seiner immensen Goldrücklagen zu berauben und diese den Riesen im Austausch gegen Freia anzubieten. Der Vorschlag wird mit Erleichterung aufgenommen und sofort in die Tat umgesetzt.

In Nibelheim, einem unterirdischen Großbetrieb, der das Tageslicht scheut, treffen Wotan und Loge auf Alberich und seinen Bruder Mime. Alberich ist es gelungen, aus Teilen des Rheingoldes den weltbeherrschenden Ring zu schmieden. Aber die neue Machtfülle ist ihm offensichtlich nicht gut bekommen, denn seine geistige Entwicklung hat mit dem Kapitalzuwachs nicht Schritt gehalten. Ein Symptom, das ihn eng mit uns verbindet.

Alberich fällt auf einen üblen Trick herein: Arglistig meint Loge, Alberich könne vieles, aber sich in eine Kröte verwandeln könne er wohl nicht... das mag Alberich nicht auf sich sitzenlassen, und schon führt er mit Hilfe eines von Mime geschmiedeten Tarnhelms das Kunststück vor.

Blitzschnell bringen Wotan und Loge die Kröte in ihre Gewalt. Der wieder sichtbare Alberich wird des Tarnhelms beraubt, gefesselt ans Tageslicht geschleppt und gezwungen, alle dem Rhein entnommenen Wertgegenstände auszuliefern, mit der fadenscheinigen Begründung, er habe sie ja auch nur gestohlen.

Als letztes reißt Wotan dem unglücklichen Alberich den Ring vom Finger. Erst dann erhält der Nibelung seine ärmliche Freiheit zurück. Fast ist man auf seiner Seite, wenn er den Ring und seine Träger als Zeichen liebloser Weltmacht für alle Zeiten verflucht.

Die göttliche Gesellschaft läßt sich von Alberichs Fluch nicht die Stimmung verderben. Auch die Übergabe des Rheingoldes an Fasolt und Fafner erfolgt ohne Zwischenfälle.

Aber dann fordert der Riese Fasolt auch noch den Ring des Nibelungen an Wotans Finger. Die Krise ist da, das Tauschgeschäft droht zu platzen, Freia scheint verloren.

Da erhebt sich aus der Tiefe der Unterbühne die allwissende Erda. Mit wohlklingender Altstimme rät sie Wotan in cis-Moll, auf den verfluchten Ring zu verzichten. Andernfalls sei eine Götterdämmerung nicht zu vermeiden. Wotan ist vom klugen Charme dieser Frau fasziniert und wirft gehorsam den Ring zum Lösegeld.

Sekunden später trifft Alberichs Fluch das erste Opfer. Fafner erschlägt seinen Bruder Fasolt im Streit um den Ring. Die Götter sind noch einmal davongekommen und beziehen frohgemut ihr monströses Walhall.

Nur Loge mag den neuen Lebensstil der High-Society nicht teilen. Lustvoll malt er sich ihr unrühmliches Ende aus. Und in der Tiefe jammern die törichten Töchter des Rheines.

Die Walküre

In den Jahren zwischen *Rheingold* und *Walküre* muß Wotan in Hochform gewesen sein. Damen aus den besten Kreisen schenkten ihm acht gesunde Töchter. Vor allem blieb der weitere Gedankenaustausch mit Erda nicht ohne Folgen. Das gemeinsame kräftige Kind heißt Brünnhilde und ist seine Lieblingstochter.

Wotan bildete sie mit ihren acht Halbschwestern zu Walküren aus, einer berittenen weiblichen Eliteeinheit zur Verteidigung Walhalls. Es handelt sich um Gerhilde, Helmwige, Waltraute, Schwertleite, Ortlinde, Siegrune, Grimgerde und Roßweiße. Auch fand der erstaunlich potente Gott unter dem Decknamen »Wälse« Zeit für eine leidenschaftliche Affäre mit einer Menschenfrau. Sie gebar ihm die Wälsungen Siegmund und Sieglinde, ein Zwillingspaar, das sich allerdings bald aus den Augen verlor.

Mit diesen Lustbarkeiten verfolgt Wotan offensichtlich nur ein Ziel: den Ausbau einer vertrauenswürdigen Hausmacht. Leider bleibt das alles verlorene Liebesmüh, solange der Ring des Nibelungen sich im Besitz von Fafner befindet. Aber Wotan kann sich illegale Gewaltakte und Vertragsbrüche nicht mehr leisten. Er wäre als oberste Instanz für Recht und Ordnung ein für allemal erledigt. Doch wie alle Politiker weiß Wotan in jeder hoffnungslosen Lage einen gottgewollten Ausweg.

Ein anderer nämlich – kein Gott –, ein ahnungsloser, freier Mensch müßte ohne Auftrag, wenn auch unmerklich geführt, in aller Unschuld also, diesen lebensgefährlichen Ring in seine Gewalt bringen und ihn – wenn es denn sein muß – mit freundlichen Grüßen den Rheintöchtern zwecks Entsorgung zurückerstatten. Da kommt nur einer in Frage: Siegmund, Wotans außerehelicher Sohn, den er hinter Frickas Rücken für diese Aufgabe erzogen hat.

Wenn sich der Vorhang zum 1. Akt der *Walküre* öffnet, fällt der Blick auf einen meterdicken Eschenstamm, der das Dach eines rustikalen Wohnraumes trägt. In Griffhöhe steckt ein Schwert namens Nothung. Wotan stieß es gelegentlich hinein, um es Siegmund unauffällig zuzuspielen. Und wie es sich so trifft: Nur sein Sohn verfügt über eine ausreichende Muskulatur, um es termingerecht herauszuziehen.

Nach kurzem Vorspiel taumelt ein erschöpfter Flüchtling ins Haus der Eheleute Hunding. Der Hausherr, ein schwerer Baß, erkennt in dem Fremden einen Heldentenor, seinen Todfeind, fordert ihn zum Duell bei Tagesanbruch und geht zu Bett. Vorsorglich verabreicht die Hausfrau dem Gatten das gewohnte Beruhigungsmittel in etwas stärkerer Dosis als gewöhnlich.

Allein gelassen, ist das junge Paar nicht mehr zu halten. Der Fremdling zieht mühelos das Schwert aus dem Stamm, und wir erleben die Wiedervereinigung der Zwillingsgeschwister Siegmund und Sieglinde. Es handelt sich dabei um Inzest und Ehebruch. Man ist begeistert.

Nur Hunding verschläft eine der eindrucksvollsten Liebeserklärungen der Opernbühne.

Bis jetzt klappte eigentlich alles vorzüglich. Siegmund besitzt seine Wunderwaffe und wäre gegen

Fafner einsatzbereit. Davor liegt allerdings noch das Duell gegen Hunding. Das könnte zwar als ungefährliches Training betrachtet werden, aber Götter scheuen das Risiko. Wotan befiehlt also seiner Lieblingstochter, Siegmund im Kampf gegen Hunding zu unterstützen. Brünnhilde ist glücklich über diesen Auftrag des Vaters und galoppiert aufjauchzend davon. Frau Fricka betritt die Bühne.

Sie neigt bekanntlich dazu, Dinge zu verurteilen, die anderen Freude machen. Zum Beispiel Ehebruch. Wie alle Ehemänner nimmt Wotan Verfehlungen dieser Art von der heiteren Seite, solange es nicht die eigene Frau betrifft. Nicht so Fricka. Als Wahrerin der sittlichen Ordnung verlangt sie von ihrem Mann den Eid, die schamlosen Vorgänge um Siegmund und Sieglinde zu beenden.

Das bedeutet Siegmunds Tod und für Wotan vorerst keine Hoffnung auf ein passables Happy-End. Aber er befürchtet eine zweite Ehekrise und gibt nach. Seine Autorität zu Hause ist eben doch bescheidener als beim Geländeritt mit den Walküren.

In tiefer Resignation erklärt Wotan seiner Tochter die Gründe für den geänderten Befehl, nicht Siegmund, sondern Hunding den Sieg zu sichern. Sich selbst wünscht er nur eines noch: das Ende.

Brünnhilde glaubt, nicht recht gehört zu haben,

fügt sich aber zunächst dem Vater. Noch in derselben Nacht erscheint sie Siegmund, um in rührender, fast zärtlicher Behutsamkeit ihm das bevorstehende Ende leichtzumachen.

Siegmund ist von der Verheißung eines ewigen Heldenlebens in Walhalls Glanz und Gloria ohne Sieglinde nicht im mindesten beeindruckt. Brünnhilde, die einen derartigen Liebesbeweis von Männern ihres eigenen Bekanntenkreises noch nicht erlebt hat, ist überwältigt... und sie mißachtet den Befehl des Vaters: Als wenige Augenblicke später Hunding auf den Kampfplatz stürmt, feuert Brünnhilde den Wälsung an: »Triff ihn, Siegmund! Traue dem Schwert!«

Das hätte sie besser nicht getan. Außer sich fährt Wotan dazwischen, zerschmettert Siegmunds Waffe und sorgt so für das unrühmliche Ende seines Sohnes, auch wenn ihm, weiß Gott, nicht danach zumute ist.

Im nächtlichen Chaos sammelt Brünnhilde geistesgegenwärtig die Bruchstücke des Schwertes, flieht mit Sieglinde zu ihren Schwestern und erbittet Schutz vor dem wütenden Vater. Die Walküren singen zunächst ein bekanntes Konzertstück und empfehlen dann Sieglinde, sich in einem ostwärts gelegenen Wald zu verbergen.

Als Sieglinde tief deprimiert am Sinn ihres Lebens zweifelt, zeigt sich Brünnhilde besser informiert. Sieglinde habe keinen Grund zur Klage. Schon in einem dreiviertel Jahr werde sie Mutter eines Helden, wie ihn die Welt noch nicht gesehen habe. Der werde das Schwert wieder zusammenschmieden, und einen Namen habe sie auch schon: Siegfried.

Getröstet rafft Sieglinde die Teile des Schwertes zusammen und flieht in die Nacht. Die vor Angst schreienden Walküren nehmen Brünnhilde in ihre Mitte, um sie vor dem Zorn des Vaters zu schützen.

Wotans in ungewohnter Lautstärke vorgetragene Wut treibt Brünnhilde aus ihrem Versteck: »Hier bin ich, Vater, gebiete die Strafe.«

Und wieder ist dieser Gott nicht frei in seiner Entscheidung. Soll die staatliche Ordnung aufrechterhalten bleiben, gibt es auch für seine Tochter keine Ausnahme.

Das bedeutet für Brünnhilde nicht nur Ausschluß aus der Ehrenlegion der Walküren und Verlust aller göttlichen Eigenschaften. Sie wird auch noch dazu verurteilt, als sterblicher Mensch, schlafend auf freiem Feld, dem ersten besten zu gehören, der sie haben möchte.

Auf ihre verzweifelte Bitte gewährt der Vater eine Milderung: Er wird einen Ring aus Feuer um seine Tochter legen, um sie vor unwürdiger Willkür zu schützen. Wenigstens Furchtlosigkeit soll ein fremder Mensch beweisen, bevor er sie berühren darf. Dann vergessen Vater und Tochter alle Regeln der Staatsräson. Sie fallen sich in die Arme und nehmen für immer voneinander Abschied.

Siegfried

Es mag sein, daß Ihnen die Pause kurz vorgekommen ist. Wie man sich doch täuschen kann: In Wahrheit liegt Brünnhilde nun schon seit 20 Jahren im Tiefschlaf.

Den Riesen Fafner hat sein immenses Kapital stark verändert. In einer umwaldeten Höhle verwandelte er sich in ein wurmartiges Scheusal und wälzte sich über seine Vermögenswerte. Ganz in der Nähe hat sich auch Alberichs Bruder, der Zwerg Mime, angesiedelt, um Fafner bei der geringsten Unvorsichtigkeit das Kapital samt Ring wieder abzunehmen.

Eines Nachts taumelte Sieglinde – unangemeldet – in Mimes Behausung und machte ziemliche Umstände. Sie genas eines Knaben, und Mime sah sich genötigt, bei der Entbindung behilflich zu sein, was die Wöchnerin allerdings nicht überlebte. Ihre einzige Hinterlassenschaft bestand außer dem

Kind in einem zertrümmerten Schwert. Seitdem ist der gelernte Schmied Mime vergeblich bemüht, die einzige Waffe zu schmieden, mit der Fafner zu erledigen ist.

In dieser asozialen Umgebung wächst der kleine Siegfried auf. Aus dem Säugling ist ein sympathischer Modellathlet geworden, ein unbekümmerter, fröhlicher Naturbursche, wenn auch mit schlechten Manieren. Das Gegenteil also von seinem Großvater Wotan.

Zu Beginn des Dramas *Siegfried* haben die zwischenmenschlichen Beziehungen in der veralteten Waldschmiede ihren Tiefpunkt erreicht. Mime heuchelt väterliche Liebe, Siegfried verabscheut seinen Ziehvater mit der ganzen Taktlosigkeit antiautoritärer Kinder. In einer gereizten Aussprache fordert Siegfried die Wahrheit über seine eigene unerfreuliche Herkunft.

Mit Siegfrieds Daumen an der Kehle wird Mime gesprächig. Widerwillig berichtet er vom Ableben Sieglindes und nörgelt über den schwachen Lohn, den er für Mühe, Kost und Pflege des Neugeborenen erhalten habe: nur das kaputte Schwert.

Siegfried reagiert mit einem Ausbruch kindlicher Lebenslust. Sofort habe ihm Mime dieses Schwert zu reparieren. Dann werde er sich hinausschwingen in die Welt und allen zeigen, was eine Harke ist.

Er enteilt ins Unterholz und läßt einen Mime zurück, der zutiefst beklagt, keinerlei Kenntnisse im Schmieden moderner Kampfschwerter zu besitzen.

Da tritt der große Unbekannte über die Schwelle. Ein Wanderer, einäugig, mit Schlapphut und Speer, auch von den hintersten Parkettreihen unschwer als Wotan auszumachen. Der Göttervater hatte sich nach der durchlittenen Katastrophe aus Ehe- und Berufsleben resigniert zurückgezogen, um nur noch das zu tun, was seine Frau immer am meisten geärgert hat: herumzuschweifen.

Aber er wäre kein Gott im Ruhestand, würde er den Gang der Dinge nicht weiter im Auge behalten, um im Bedarfsfall vorsichtig nachzuhelfen. Nun hat er ja mit seinem Enkel Siegfried wieder ein Eisen im Feuer. Er kommt also ganz zufällig mal vorbei und verwickelt den enervierten Mime auf Quizmasterart in ein gegenseitiges Ratespiel mit hohem Einsatz. Eine falsche Antwort kostet den Kopf. Wotan amüsiert sich.

Zunächst geht alles glatt. Aber dann gerät Mime in tödliche Verlegenheit. Auf die letzte, entscheidende Frage Wotans: Wer schmiedet das Schwert Nothung neu? weiß Mime keine Antwort und verspielt sein Zwergenhaupt. Im Gehen gibt Wotan dem verzweifelten Mime einen Tip: Wer das Fürchten nie gelernt hat, der schmiedet Nothung neu... und dem überlasse er auch Mimes Kopf!

Mime ist nicht zu beneiden. Einerseits braucht er ein Schwert und einen furchtlosen Drachentöter. Andererseits verliert er seinen Kopf an Siegfried, wenn der nicht in Bälde das Fürchten lernt.

Jedenfalls zeigt Siegfried bei der Schilderung des gefährlichen Riesenwurms Fafner nicht die geringste Furcht. Im Gegenteil: Frohlockend wittert der Jüngling eine Heldentat.

Schon ist er mit allen Finessen des höheren Schmiedehandwerks vertraut, hämmert Nothungs Einzelteile zusammen und singt dazu auswendig zwei mehrstrophige Lieder.

Das fertige Werkstück läßt Siegfried übermütig auf den Amboß sausen. Leider zerfällt dieser schon während des Ausholens in zwei Teile. Auch der Vorhang fällt rasch.

Der zweite Akt spielt vor der Höhle des Riesenwurms Fafner. Zunächst schleichen zwei alte, verfeindete Interessenten um den heißen Brei, Wotan und Alberich, die sich nur darin einig sind, daß ein anderer die Kastanien aus dem Feuer holen soll.

Eine Viertelstunde später erscheinen Siegfried und Mime. Nach kurzem Gespräch weiß der Zwerg, daß der furchtlose Siegfried den Saurier schlachten wird. Auch gut. Denn der Held wird durstig sein nach der Tat, und mit einer vergifteten Erfrischung wäre der eigene Kopf zu retten und das Fafnersche Vermögen! Mime geht nach links ab.

Siegfried lagert sich unter einer Linde, wo ihn Wagner zwölf Jahre sitzen läßt, um schnell mal *Die Meistersinger* und den *Tristan* zwischendurch zu komponieren. Erst dann beginnt Siegfried, über seine Eltern nachzugrübeln.

Auf einen Wink Wagners vollzieht sich nun endlich die populärste Szene des deutschen Sagenschatzes: Siegfried erschlägt den Drachen. Nach dem Genuß einiger Blutstropfen des Ungeheuers versteht er unversehens die Sprache eines Waldvogels, der ihm – wie das Waldvögel so machen – einen Rat erteilt. Siegfried dürfe sich von den Nibelungenschätzen vor allem Ring und Tarnhelm nicht entgehen lassen.

Ohne die geringsten Anzeichen von Neugier stapft Siegfried in die Schatzkammer, findet Ring und Tarnhelm, kommt lustlos wieder ans Tageslicht und begegnet Mime, der ihm eine sehr unbekömmliche Erfrischung reicht. Siegfried riecht den Braten, und das ist das Ende der Beziehung. Von Siegfrieds Schwert nur leicht touchiert, haucht Mime sein Leben aus.

Schon ist das Waldvöglein wieder zur Stelle und verheißt nun Siegfried etwas, das er noch nie gesehen hat: eine Frau! Siegfried ist entzückt, er kann ja nicht ahnen, was das bedeutet. Unter der Führung des Waldvögleins stürmt er jubilierend in sein Verhängnis.

Eine Stunde später trifft er auf seinen Großvater, der sich nicht zu erkennen gibt. Wotan hatte gerade eine letzte, sehr unangenehme Auseinandersetzung mit seiner Ratgeberin – Sie erinnern sich? – und will sich nur noch davon überzeugen, daß dieser junge Mann in aller Unschuld das Zeug dazu hat, Rechte und Pflichten des zusammenbrechenden Götterregimes zu übernehmen. Aber dann geht es Wotan eben doch gegen den Strich, so sang- und klanglos den Weg zu seiner Tochter und das Feld zu räumen.

Mit seinem Speer pariert er den ziemlich unverschämten Siegfried. Der aber greift zum Schwert und zertrümmert das göttliche Machtsymbol. Eine Szene, die Väter, Großväter und Schwiegerväter nicht gerne sehen.

Nach dieser letzten Auseinandersetzung mit der jungen Generation hat Wotan die Bühne der Oper und des Weltgeschehens für immer verlassen. Siegfried dagegen bläst munter sein Horn und durcheilt die Feuersbrunst. Auf sonniger Höh' stößt er auf einen schlafenden Krieger, dessen Atmung offensichtlich durch seinen Brustpanzer beeinträchtigt wird.

Kaum hat Siegfried das schwere Oberteil geöffnet, wölbt sich ihm der Busen eines hochdramatischen Soprans entgegen. Nachdem sich der Held etwas erholt hat, macht er eine durchaus richtige Beobachtung: »Das ist kein Mann!«

Zum ersten Mal in seinem Leben empfindet er nackte Furcht und verhält sich wie alle jungen Männer in dieser Situation: Er schreit nach seiner Mutter. Wenig später erwacht Brünnhilde, an der die zwanzig Jahre spurlos vorübergegangen sind, und ein gesunder Eros bricht sich Bahn.

Im Vorspiel der *Götterdämmerung* äußern sich drei Damen unterschiedlicher Stimmlage ziemlich deprimiert über das drohende Ende der alten Welt. Es sind Nornen, Schicksalsgöttinnen also, die beruflich mit diesen Dingen zu tun haben.

Um so schlimmer, daß ihnen der Schicksalsfaden reißt, an dem sie schon des längeren spinnen. Schicksalsfäden sind eben auch nicht mehr das, was sie mal waren. Zum Glück wird das Stimmungstief von einem Orchesterzwischenspiel überbrückt. Als Morgendämmerung erhebt es sich vom kleinen Klarinetten-Thema ins Fortissimo des Sonnenaufgangs. Es scheint ein strahlender Tag zu werden.

Siegfried und Brünnhilde, die Jungvermählten, sind bester Laune. Das überrascht insofern, als Siegfried grade seine Sachen packt, um ohne seine Frau eine zeitlich unbegrenzte Abenteuerreise anzutreten. Die Neigung zu derartigen Eskapaden liegt ja seit Großvater Wotan leider in der Familie. Immerhin läßt Siegfried, als Unterpfand der Treue, sein wertvollstes Teil zu Hause: seinen Ring, dessen verheerende Wirkung beide nicht kennen… Nach jubilierendem Abschied macht er sich mit Brünnhildes Pferd Grane, seinem Schwert, dem Horn, der Tarnkappe und mit einer Unzahl von Leitmotiven auf den Weg. Hier endet das Vorspiel.

Mit Beginn des 1. Aktes befinden wir uns am königlichen Hofe der Gibichungen. Anwesend sind Gunther als unverheirateter Familienvorstand, seine ebenfalls ledige Schwester Gutrune und Hagen, ein Halbbruder Gunthers.

Zum Verständnis der folgenden haarsträubenden Intrige gehört die Kenntnis gewisser Familieninterna im Hause Gibichung. König Gunthers Mutter war vor Jahren ausgerechnet dem häßlichen Klassenfeind Alberich gegen Bargeld zu Willen gewesen und hatte ein Kind bekommen, Gunthers Halbbruder, den Bastard Hagen.

Seit dieser mißgelaunte schwere Baß mit Siegfrieds bevorstehender Ankunft rechnet, ist er von dem Gedanken besessen, den Ring zurückzugewinnen, der seinem Vater Alberich von Wotan entrissen worden war.

Die beste Voraussetzung aber ist hierfür die Zerrüttung der Ehe Siegfrieds, der im offenen Kampf nicht zu schlagen ist.

Mühelos gelingt es Hagen, den eitlen Gunther auf Brünnhilde scharf zu machen und der arglosen Gutrune den schönen Siegfried zu versprechen. Diesem prominenten Helden müsse man nur mit Hilfe von Alkohol und Drogen gewisse Hemmungen nehmen. Vorsorglich verschweigt Hagen den kleinen Schönheitsfehler, daß Siegfried und Brünnhilde zur Zeit noch glücklich verheiratet sind.

Schon hört man von draußen das Horn. Der erhoffte Besuch steht vor der Tür.

Beim ersten Schluck aus Hagens üblem Willkommensbecher zeigt Siegfried noch keine Wirkung. Aber dann verläßt ihn innerhalb eines Augenblickes sein Erinnerungsvermögen.

Über die plötzlich aufflammende Leidenschaft zu Gutrune könnte man hinwegsehen. Vorkommnisse dieser Art liegen im Toleranzbereich jeder Urlaubsreise, und Gutrune gilt ohnehin als Sonderfall: Sie ist, wie man weiß, unter allen in der Ring-

Tetralogie auftretenden Frauen als einzige nicht Siegfrieds Tante.

Vielmehr zeigt sich die schauerliche Verwandlung Siegfrieds in der Bereitschaft, seine eigene Frau Brünnhilde gewaltsam zu entführen und zur Braut Gunthers zu machen.

Umgehend wird die Ausführung der Untat durch Blutsbrüderschaft bekräftigt und männlich grölend beschworen. Die Bühne leert sich. Nur Hagen bleibt zurück und besingt die bevorstehende Katastrophe mit einem Selbstgespräch.

Inzwischen hütet Brünnhilde das Heim und gedenkt liebevoll ihres fernen Ehemannes. Überraschend erhält sie Besuch von Waltraute, einer Walküre, die trotz strengsten Verbots aus Walhall herübergeritten ist, um der Schwester Brünnhilde ihr Herz auszuschütten.

Sie schildert den trostlosen Zustand Wotans, des an Leib und Seele gebrochenen Vaters, und beendet ihren Bericht mit düsteren Worten, die Wotan wie im Traum gesprochen habe: von einem Fluch würden Gott und die Welt befreit, wenn Brünnhilde sich entschließen könne, ihren verdammten Ring den Rheintöchtern zurückzugeben.

Da gerät Brünnhilde aus bedrohlicher Ruhe in helle Empörung. Der Ring sei das Liebespfand ihres Ehemannes und bliebe da, wo er hingehöre:

an ihrem Finger. Im übrigen könne sich Waltraute das Glück der Welt und ihrer Götter, einschließlich aller Staatsmänner und Nationen, getrost an den Hut stecken.

Noch während Waltraute unverrichteter Dinge zurückgaloppiert, erschrickt Brünnhilde zu Tode. Ein wildfremder Mann steht in der Tür und begehrt sie zum Weibe, ohne sich vorgestellt zu haben. Eine Situation, die Tausende von Jahren später niemanden mehr wundern wird. Hier aber wehrt sich Brünnhilde noch mit aller Kraft, bevor sie dem Unbekannten erliegt.

Es ist Siegfried, der mit Hilfe der Tarnkappe Gunthers Gestalt angenommen hat und sicherheitshalber eine Quinte tiefer singt als gewöhnlich. Nach kurzem Handgemenge reißt er Brünnhilde den Ring vom Finger und zwingt sie, die Bettstatt mit ihm zu teilen. Unmittelbar darauf singt er so hoch wie früher und versichert später jedem, es sei sonst nichts vorgefallen.

Erst auf dem Rückweg im Frühnebel tauschen Siegfried und der echte Gunther unbemerkt ihre Rollen. Sodann eilt Siegfried voraus nach Gibichung in die Arme Gutrunes.

Wenig später, beim großen Empfang in Gibichung, erkennt Brünnhilde den gestohlenen Ring an Siegfrieds Hand. Mit einem gellenden Aufschrei entlarvt sie den eigenen Mann als Täter. Siegfried zeigt nicht den geringsten Gewissensbiß. Im Gegenteil; er scherzt noch ziemlich unpassend: »Gunther, deinem Weib ist übel!«, beschwört seine Unschuld und geht, mit Gutrune schäkernd, nach rechts ab.

Die Entrüstung der Zurückgebliebenen nutzt Hagen zur Forderung nach Rache für die allerseits erlittene Schmach. Es erhebt sich kein Widerspruch. Brünnhilde verrät sogar Siegfrieds schwächsten Punkt. Dieser befinde sich – anders als sonst bei Ehemännern – auf seiner Rückseite. Damit ist Siegfrieds Ende besiegelt. Tags darauf lagert eine Jagdgesellschaft im Walde, falls ein zeitgenössischer Bühnenbildner das zuläßt. Außer den Treibern erkennt man Siegfried, Gunther und Hagen. Ein herber Landwein kreist, und Siegfried erzählt auf allgemeinen Wunsch aus seinem Leben.

Kurz vor Erreichen der Gedächtnislücke praktiziert ihm Hagen eine Gegendroge ins Trinkhorn. Schon nach dem ersten Schluck setzt Siegfrieds verlorenes Erinnerungsvermögen peinlich präzise wieder ein. Entzückt schildert er den Weg in die Arme seiner Braut Brünnhilde und überführt sich damit selbst des Meineides.

Lustvoll stößt Hagen den Speer in Siegfrieds ungeschützten Rücken.

Die Leiche Siegfrieds ist in der Halle der Gibichungen aufgebahrt. Lauthals brüstet sich Hagen mit seiner Untat und verlangt als rechtmäßige Beute den Ring vom Finger des Toten. Gunther widersetzt sich und wird der Einfachheit halber umgebracht.

Aber bevor Hagen den Ring berühren kann, der in drei Generationen und vier Opern Götter, Riesen und Menschen ruinierte, erhebt sich warnend der Arm des toten Siegfried.

Im allgemeinen Entsetzen eröffnet Brünnhilde das Finale mit einem Liebesbekenntnis zu ihrem Mann. Sie läßt einen Scheiterhaufen errichten für das Ende an seiner Seite. Ungehindert streift sie den Ring von Siegfrieds Hand, um ihn, endlich, den Töchtern des Rheins zurückzugeben. So nutzt sie die letzten Minuten ihres Lebens zur Abrechnung mit der unfähigen Götterfamilie und zur erlösenden Tat.

Dann beginnt der Alptraum der Bühnentechnik: Brünnhilde gibt ihrem Pferd die Sporen und springt in das Flammenmeer, von dem auch Walhall verschlungen wird. Der Fluß wogt über die Ufer, die Rheintöchter halten den Ring wieder in ihren Händen und ziehen Hagen in die Tiefe.

Nicht gerade ein Happy-End also, aber der Urzustand der Unschuld ist fast wiederhergestellt. Die Partitur läßt einen neuen Anfang zu.

Noch bleibt uns die Hoffnung, es werde so manches auch unseren Göttern dämmern, ehe der Vorhang endgültig gefallen ist.

ENDE

Carl Maria von Weber

Der Freischütz

Man benötigt einen Wasserfall, vier Feuerräder, zwölf galoppierende Pferde, lebende Hirsche und Hunde, eine Eule, mehrere Raben, einen rasenden Eber, ein wildes Geisterheer, diverse entwurzelte Bäume, Platzregen und … eine unschuldige Verlobte …

Aber eben daran scheitert jede Inszenierung. Man ist verärgert und Max, ihr Verlobter, auch. Schade …

Leonard Bernstein

Candide

Natürlich haben Sie es wieder mal versäumt, sich auf diesen Abend vorzubereiten.

Noch wäre Gelegenheit, den Raum unauffällig zu verlassen... bevor Sie entweder dem Reiz des gefährlichen Pessimisten Voltaire unterliegen oder Anschluß bei überzeugten Optimisten finden, die Orkane, Erdbeben, Mord und Totschlag als himmlische Prüfungen betrachten und behaupten, »alles, was geschieht, ist gut«.

Letzteres konnte Voltaire, der grade Zeitzeuge einer Naturkatastrophe geworden war, nicht auf sich sitzenlassen.

Sein Roman *Candide*, eine haarsträubende Liebesgeschichte, überrascht durch eine Aktualität, die, wie der tägliche Blick auf den Bildschirm lehrt, kaum zu überbieten ist. Und doch trösten uns schließlich die Herren Voltaire und Leonard Bernstein mit ironischer Zuversicht auf ein erlaubtes Glück.

Ouvertüre

Die Geschichte beginnt in Westfalen, einem Land, von dem Voltaire, wie jeder gebildete Franzose, annimmt, es liege in der Nähe Bulgariens und sei ein touristisch noch weitgehend unerschlossener Landstrich, in dem man ganzjährig Schweine ißt und daher eine unverständliche Sprache spricht.

Das einzig nennenswerte kulturelle Ereignis ist ein Auftritt des Heimatgesangvereins Westfalia 1750.

Choral

Wir befinden uns im Schloß des korpulenten Barons Thunder-Ten-Tronck und seiner gleichermaßen übergewichtigen Gattin. Beide sind abwesend, da sie nichts zu sagen oder zu singen haben.

Anwesend sind hingegen Maximilian, der eitle, von seinem unwiderstehlichen Liebreiz überzeugte Sohn des Hauses, seine appetitliche, blauäugige Schwester Baroneß Cunigunde, sodann die knakkige Kammerzofe Paquette, die allabendlich das Privileg genießt, die Baronin zu entkleiden, gelegentlich auch den Baron. Und schließlich Candide, ein unehelicher, nicht standesgemäßer Neffe mit starker Neigung zu Cunigunde.

Die jugendlichen Herren und Damen versichern lautstark, sie seien gradezu wahnsinnig glücklich, da das Leben so köstlich sei.

Life is Happiness Indeed

Das immense Glücksgefühl der jungen Leute ist übrigens das Verdienst ihres verehrten Hauslehrers, des genialen deutschen Pädagogen Dr. Pangloss. Seine Philosophie gipfelt in Lektion XI, Lehrsatz sieben, welcher lautet:

»Dies ist die beste aller möglichen Welten. Alles, was geschieht, ist gut.« Wir nehmen am Unterricht teil.

THE BEST OF ALL POSSIBLE WORLDS

»Noch einmal im ganzen Satz … und etwas langsamer und leiser, bitte …«

UNIVERSAL GOOD

Als Candide und Cunigunde nach dem Unterricht im Park lustwandeln, um das Gelernte zu vertiefen, fällt ihr Blick unversehens auf den hochverehrten Lehrkörper des Dr. Pangloss, der sich anschickt, der Kammerzofe Paquette im Gebüsch eine sehr eindringliche Nachhilfestunde zu erteilen.

Dieser Anblick weckt in Candide und Cunigunde eine bisher verborgene Leidenschaft. Erregten Sinnes träumen sie von einem gemeinsamen Liebesnest. Allerdings mit unterschiedlichen Ansichten im Hinblick auf die optimale Nutzung der erotischen Immobilie.

OH, HAPPY WE

Das Glück des jungen Paares wird von der Familie denkbar ungünstig aufgenommen. Rasend vor Zorn befördert Baron Thunder-Ten-Tronck Candide an die Luft, um seine Tochter Cunigunde dem Zugriff dieses unerwünschten Vetters zu entziehen.

Candide fliegt raus, jedoch beflügelt durch den von Meister Pangloss erlernten Optimismus, wonach jeder Rausschmiß auch sein Gutes hat: Erst woanders nämlich trifft man wirklich nette Leute.

It Must Be So

Die Hoffnung auf nette Leute im Ausland trügt. Nach unkomfortabler Nachtruhe in einer Ackerfurche wird Candide von feindseligen Soldaten wachgerüttelt und zum Wehrdienst verpflichtet. Er desertiert, wird wieder eingefangen und – juristisch völlig korrekt – zum Spießrutenlaufen verurteilt. Kaum ist er wieder auf den Beinen, marschiert er mit dem Feind in Westfalen ein.

Die Ereignisse überstürzen sich. Der Baron und seine Familie sind in die Schloßkirche geeilt, um mit der Gemeinde eine ziemlich aufgeblasene vaterländische Hymne auf den Sieg Westfalens abzusingen. Die Feinde warten bis zum letzten Ton taktvoll vor der Tür, bevor sie mit einem Aufschrei aus allen, aber auch aus allen Rohren feuern.

Choral · Battle Music

Man hat sie alle gemeuchelt: den Baron, Maximilian, Paquette und Dr. Pangloss. Die übergewichtige Baronin wird, ich sage es ungern, von einer gutgelaunten berittenen Eliteeinheit in handliche Stücke zerlegt, während Cunigunde auf sehr ungezogene, lustbetonte Weise ihr Leben läßt. (Wie das bei solchen Gelegenheiten schon mal vorkommen kann.)

Candide irrt auf der Suche nach der Geliebten über das Schlachtfeld, singt aber sehr schön.

Candide's Lament

Monate später trifft Candide, nun doch schon ziemlich verwahrlost, auf einen Bettler. Kaum zu glauben, aber es ist Dr. Pangloss, der sein eigenes Ableben auf Schloß Thunder-Ten-Tronck offenbar vergessen hat.

Allerdings hat er infolge einer galanten Erkrankung seine Nase und anderes eingebüßt. Was ihn nicht hindert, beharrlich seine Lehre vom Optimismus zu verkünden: jeder Schmerz sei eine willkommene Würze in dieser besten aller möglichen Welten.

Er wird unterstützt vom Herrenchor der westfälischen Bettler-Genossenschaft.

Dear Boy

Ein sympathischer Schiffseigner ermöglicht den beiden Herren eine Traumreise nach Lissabon. Auf offener See erweist sich dann ein Orkan einschließlich Schiffsuntergang mit knapper Rettung auf Treibholz als im Angebot inbegriffen. Auch der in Lissabon stattfindende Landgang ist durch ein verheerendes Erdbeben kein reines Vergnügen.

Um die schwergeprüfte Bevölkerung aufzuheitern, hat der ortsansässige Großinquisitor eine öffentliche Verbrennung von Ketzern anberaumt. Im Lauf der volksfestähnlichen, fröhlichen Veranstaltung geraten Candide und Dr. Pangloss als unerwünschte Ausländer unter allgemeinem Beifall in die Mühle christlicher Schnelljustiz.

Kein Wunder also, daß man Voltaires Roman seinerzeit öffentlich einäscherte und er selbst – jedenfalls noch bis vor kurzem – in der Hölle briet.

Auto-da-fé

Wieder einmal haucht Dr. Pangloss sein Leben aus. Diesmal mit dem Strick um den Hals. Candide wird, wie immer, kräftig mit dem Stock gezüchtigt und meint, es müsse wohl an ihm selbst liegen, wenn er die Annehmlichkeiten dieser großartigen Welt nicht so recht zu empfinden vermöge.

It Must Be Me

Inzwischen in Paris:

Umschwärmter Mittelpunkt der Pariser Herrenwelt ist in diesen Tagen eine geheimnisvolle Schöne, die – gegen beachtliche Entlohnung – ihre körperlichen Vorteile jeden Dienstag, Donnerstag und Sonntag den Herren von Regierung und Opposition zur Nutzung überläßt, um dann montags, mittwochs und freitags alleinstehende Würdenträger aller Konfessionen einzugliedern.

Trotz dieser starken beruflichen Inanspruchnahme fühlt sich die Dame kulturell nicht ausgelastet und belegt nebenher einen Abendkurs in Koloraturgesang. Daran könnte sich manche Hausfrau ein Beispiel nehmen!

GLITTER AND BE GAY

Sie ahnen es: Die Femme fatale heißt Cunigunde, stammt aus Westfalen und wurde seinerzeit wohl nur oberflächlich umgebracht.

Da trifft es sich gut, daß – rein zufällig – auch Candide in Paris auftaucht. Glücklich vereint fällt sich das Liebespaar um den Hals, wobei Cunigunde die Frage, was sie denn so die ganze Zeit gemacht habe, geflissentlich überhört.

YOU WERE DEAD, YOU KNOW

Wenn Sie geglaubt haben, die Angelegenheit nehme nun eine einigermaßen erträgliche Wendung, muß ich Sie enttäuschen.

Zwei Liebhaber Cunigundes geraten mit Candide so heftig aneinander, daß dieser sich genötigt sieht, beide Herren zu erstechen. Dergleichen ist in guten Familien nichts Außergewöhnliches, wird aber behördlicherseits nicht gern gesehen.

Candide und Cunigunde fliehen außer Landes nach Cadiz, begleitet von Cunigundes Gesellschafterin, einer älteren Dame mit bizarrer Vergangenheit. Als bei der Ankunft in Spanien Cunigunde ihres gesamten, so fleißig erarbeiteten Schmuckes beraubt wird, gibt die famose Alte im Tangotakt ihre polnischen Jugenderinnerungen an Rovno Gubérnija zum besten, um die deprimierte Touristengruppe wieder aufzumöbeln.

I Am Easily Assimilated

Zum Abschütteln seiner französischen Häscher wählt Candide eine einfache Methode, die auch Steuerflüchtigen empfohlen wird: Man tritt in die spanische Armee ein, überquert mit dieser den Atlantik und taucht bei Auftreten von Einreiseschwierigkeiten in Uruguays Dschungel unter. Das ist alles.

Nun steht also Candide mit einer älteren Dame

und seiner nicht mehr ganz frischen Freundin an der Reling des Truppentransporters. Vom Bariton des Kapitäns unterstützt, jubiliert das Quartett aus vollem Halse der neuen Welt entgegen. Soweit die Herren Voltaire und Bernstein.

Während die Gesangsgruppe dann – gegen Seekrankheit kämpfend – für längere Zeit in der Koje liegt, sind Sie, meine Damen und Herren, in die Pause entlassen, um Ihr Entsetzen hinunterzuspülen.

Quartet Finale

Nach einer erstaunlich glatt verlaufenen Schiffsreise geht Candide mit Cunigunde und ihrer Hausdame in Buenos Aires von Bord.

Sie machen einen Höflichkeitsbesuch beim Gouverneur, einem passionierten Verführer, der sogleich in verblüffender Direktheit sein körperliches Interesse an Cunigunde durchblicken läßt... Erstaunlich, wie doch in einer rein konzertanten Aufführung die Phantasie geschult wird...

Cunigunde wittert eine willkommene Altersversorgung und lockt den triebhaften Gouverneur in ein Eheversprechen. Übrigens hört dieser auf den einprägsamen Rufnamen Don Fernando D'Ibara y Figueora y Mascarenes y Lampourdos y Sousa.

My Love

Cunigundes Gesellschafterin hat den verwirrten Candide mit der Falschmeldung, die Pariser Polizei sei ihm erneut auf den Fersen, in den Urwald geschickt, während Cunigunde ungestört ihre Chance nutzt, den Gouverneur einzuwickeln.

Und nun feiern die Damen den Triumph des weiblichen Geschlechts mit einer schamlosen Selbstgefälligkeit, die das Vertrauensverhältnis zwischen Mann und Frau wieder einmal ganz unnötig belastet.

We Are Women

Inzwischen wühlt sich Candide mit seinem farbigen Diener Cacambo durch den südamerikanischen Urwald, wo es damals kurzweiliger zuging als heute. Beispielsweise treffen sie auf Frauen, die ihre Männer verließen, um lieber mit Schimpansen zusammenzuleben, und lernen Feinschmecker-Kannibalen kennen, die vorzugsweise gedünstete Missionare verzehren.

Gleich um die Ecke treffen sie auf eine Missionsstation. Und – um die hanebüchene Geschichte auf die Spitze zu treiben – sie erkennen in den Gewändern des Abtes und der Äbtissin … na wen?… den dümmlichen Maximilian und das Dienstmädchen Paquette aus dem 1. Akt… Sie erinnern sich?… Gemeinsam singen sie mit dem äußeren Missionschor eine mehrstrophige Cantate.

The Pilgrims' Procession

Alleluia

Als man sich nach Absingen der Cantate gemeinsam der schönen Tage in Westfalen erinnert, unterläuft Candide ein schwerwiegender Fehler: Er berichtet vom Überleben Cunigundes und seiner Absicht, sie in Kürze zu heiraten. Die Stimmung ist im Eimer, Maximilian schäumt und greift zur Waffe. Auch Candide zieht blank und entleibt, eher versehentlich, seinen zukünftigen Schwager.

Kurzer Szenenwechsel nach Buenos Aires. Im Palast des Gouverneurs wartet Cunigunde mit ihrer Gesellschafterin nun schon seit drei Jahren darauf, geheiratet zu werden. Gelangweilt quengeln die Damen. Der Gouverneur wirkt wie bereits verheiratet: Er liest Zeitung und reagiert gereizt.

Quiet

Da Buenos Aires im Augenblick keine weiteren interessanten Katastrophen zu bieten hat, wenden wir uns zurück in den Dschungel, in dem Candide und sein Diener Cacambo die Orientierung verloren haben. Wie gut, daß Urwälder heute so übersichtlich gerodet werden …

Die beiden verbrachten gerade Tag und Nacht in einem herrenlosen Boot, von Stromschnellen durchnäßt, im Halbdunkel unterirdischer Höhlengewölbe, mit dem festen Vorsatz, den nächsten Urlaub doch lieber nach Westfalen zu buchen, als sie plötzlich in gleißender Helligkeit die beste Adresse anlaufen, die Südamerika zu bieten hat: Eldorado!

Nein, nicht das gleichnamige Stundenhotel. Es handelt sich vielmehr um ein sagenhaftes Land, das bisher kein Fremder betrat. Es gibt keine Polizei, weder Steuer noch Justiz, alle Bewohner sind reich, aber glücklich, die Straßen sind mit Smaragden gepflastert, aus Gold ist auch der Restmüll. Kein Vergleich zu Westfalen.

INTRODUCTION TO ELDORADO

Trotz oder gerade wegen der Entdeckung dieses irdischen Paradieses wirkt Candide deprimiert. Die Trennung von seiner Verlobten verkorkst ihm die ganze Reise.

Schließlich beruhigt er sich durch den Vortrag einer romantischen Ballade im 5-Achtel-Takt für Tenor und Orchester mit gemischtem Chor in Es-Dur und Fis-Dur.

THE BALLAD OF ELDORADO

Candide und sein Diener ziehen weiter, reich beschenkt mit einer Herde goldbeladener Hammel.

Wer sich zu strapaziösen Urwaldmärschen Gold aufladen läßt, muß schon ein Hammel sein. Jedenfalls strecken Candides Goldhammel binnen kurzem alle viere von sich. Bis auf zwei. Den vorletzten schickt Candide in Obhut des Dieners zum Gouverneur nach Buenos Aires, gewissermaßen per Nachnahme, um seine Verlobte freizukaufen.

Mit dem letzten Hammel macht sich Candide allein auf den Weg. Als Treffpunkt ist Venedig ins Auge gefaßt. Warum, weiß kein Mensch.

Nach Durchwandern von Niederländisch-Surinam trifft er in der Hafenstadt Paramaribo auf Martin, einen begeisterten Pessimisten. Mit wollüstigem Ekel beschwört Martin die vorgeblich sinnlose Leere dieser schlechtesten aller möglichen Welten. Voltaire in Hochform!

Words, Words, Words

In der Auswahl seiner Bekanntschaften hat Candide offensichtlich keine glückliche Hand. Er wird von einem reichen holländischen Reeder namens Vanderdendur übers Ohr gehauen, der ihm im Tausch gegen den letzten Goldhammel ein undichtes Segelboot andreht.

Aber Candide wähnt sich wieder mal als Glückspilz in dieser besten aller möglichen Welten und sticht mit Freund Martin in See. Am Pier winkt und singt schadenfroh Herr Vanderdendur und der Schulchor von Paramaribo.

Bon Voyage

Ich sage es gleich, damit keine falsche Fröhlichkeit aufkommt: Der undichte Segler ist mit Mann und Maus gesunken, wobei wir das Abhandenkommen des Nichtschwimmers Martin zu beklagen haben, während Candide sich als zäher Brustschwimmer erweist.

Und was Sie interessieren wird: Der üble Mijnheer Vanderdendur wird kurz darauf gleichfalls ein Opfer der Seefahrt, aber sein erschwindelter Goldhammel strampelt sich tapfer durch den ungemütlichen Atlantik zurück zu seinem Herrchen Candide.

Dann geschieht etwas, das schiffbrüchigen Schwimmern relativ selten widerfährt: Candide und sein Hammel werden aufgenommen von einem Floß, auf dem sich fünf entthronte Monarchen befinden, darunter ein seekranker. Es sind dies: Zar Ivan, Prinz Edward, König Stanislaus, König August und Sultan Achmet. Sie diskutieren über ihre bürgerliche Zukunft. Der Mann am Ruder, ein begabter älterer Galeerensklave, hat die Leitung des Gesprächs übernommen. Es ist … jawohl … der häufig totgeglaubte Dr. Pangloss!

THE KINGS' BARCAROLLE

Meine Damen und Herren, lassen Sie sich nicht entmutigen, das Ende ist in Sicht!

Mit leichter Verspätung legt das Floß mit Candide, Dr. Pangloss, einem Goldhammel und fünf Königen in Venedig an. Candides umgehende Suche nach seiner Verlobten bleibt ergebnislos, denn es regiert Carneval in Venedig. Mit Maskenzwang!

Candide kann nicht ahnen, daß Cunigunde und die Alte im Spielcasino einen Halbtagsjob als betrügerische Animierdamen angetreten haben und Paquette auf horizontaler Ebene Meisterhaftes leistet. Der Croupier eröffnet die Bank. Die Touristen an den Spieltischen trällern frohgemut ihrem finanziellen Ruin entgegen.

MONEY, MONEY, MONEY

Im Büro des Casinodirektors treffen wir den bereits mehrfach verstorbenen Maximilian wieder, nun als korrupten Polizeipräsidenten. Neben ihm unsere heruntergekommenen Damen in Gesellschaft eines Ganoven.

Seltsamerweise herrscht Krisenstimmung im Hinblick auf die Unvereinbarkeit von Gewinnoptimierung und Moral. Im Raum steht eine Frage, die sich jedem Aktionär irgendwann stellt: Was soll das alles?!

WHAT'S THE USE

Gegen Abend betreten Candide, Dr. Pangloss und der Hammel maskiert das Spielcasino. Wie nicht anders zu erwarten, sprengt Dr. Pangloss die Bank, worauf sich die beiden Damen unter vollem Einsatz ihrer Reize an die leichtsinnigen Herren heranmachen. Das funktioniert allerdings nur bis zur Demaskierung.

THE VENICE GAVOTTE

NOTHING MORE THAN THIS

Meine Damen, lassen Sie Ihren Tränen freien Lauf. Candide hatte seine Braut noch in der Unschuld des ersten Aktes in Erinnerung. Nun aber haben sich Frisur, Make-up und Moral doch sehr nachteilig verändert. Hinzu kommt die Enttäuschung Candides über die Lehre seines starrsinnigen Erziehers Dr. Pangloss, dem übrigens in Tübingen ein Lehrstuhl sicher ist.

Wo ist sie nun, die beste aller möglichen Welten?… Da gibt auch der Laienchor von San Marco keine klare Antwort.

UNIVERSAL GOOD

Tagelang schweigen Candide und Cunigunde verbockt. Aber dann, an einem Dienstag gegen 14 Uhr 30, sieht sich Candide seine Verlobte noch einmal genauer an, überwindet eine aufkommende Abneigung und sagt:

»Cunigunde, wir heiraten, bauen uns ein Reihenhaus, graben den Garten um, essen unser naturbelassenes Gemüse und stellen den Fernseher an.«

»Ja«, sagt Cunigunde, »dann hat das Leben endlich einen Sinn!«

MAKE OUR GARDEN GROW

Noch Fragen?

Franz Lehár

Das Land des Lächelns

Um es gleich vorwegzunehmen: *Das Land des Lächelns* ist keine Umschreibung der Bundesrepublik. Es ist vielmehr der Titel einer nach China verlegten Operette von Franz Lehár. Ihr entnehmen wir die Bravourarie »Dein ist mein ganzes Herz«.

Leider wird nicht klar, an wen sich diese Beteuerung richtet. An die Hausangestellte ... an die Gattin etwa ... oder den Hund?

Franz Lehár

Giuditta

Wer täglich die wichtigsten Kommentare in der Presse gelesen, die Meldungen der Rundfunksender gehört und die abendlichen Nachrichten des Fernsehens durchlitten hat, benötigt zwei doppelte Cognacs, eine psychotherapeutische Behandlung und geistlichen Beistand. Dann geht ihm das Auftrittslied des Octavio aus der Operette *Giuditta* von Franz Lehár wieder leicht von den Lippen: »Freunde, das Leben ist lebenswert!«

Rund
um die Oper

Bayreuth

DEN SÄNGERN IN BAYREUTH
ALBERICH · AMFORTAS · BECKMESSER · BITEROLF · BLUMENMÄDCHEN
BRANGÄNE · BRÜNNHILDE · DALAND · DAVID · DONNER · EISSLINGER
ELISABETH · ELSA · ERIK · ERDA · EVA · FAFNER · FASOLT · FLOSSHILDE
FOLTZ · FREIA · FRICKA · FRIEDRICH VON TELRAMUND · FROH
GERHILDE · GRIMGERDE · GUNTHER · GURNEMANZ · GUTRUNE
HAGEN · HEERRUFER · HELMWIGE · HIRT · HOLLÄNDER · HUNDING
ISOLDE · KLINGSOR · KÖNIG HEINRICH · KÖNIG MARKE · KOTHNER
KUNDRY · KURWENAL · LANDGRAF · LOGE · LOHENGRIN · MAGDALENE
MARY · MELOT · MIME · MOSER · NACHTIGALL · NACHTWÄCHTER
NORNEN · ORTEL · ORTLINDE · ORTRUD · PARSIFAL · POGNER · RITTER
ROSSWEISSE · SACHS · SCHWARZ · SCHWERTLEITE · SEEMANN
SENTA · SIEGFRIED · SIEGLINDE · SIEGMUND · SIEGRUNE
STEUERMANN · TANNHÄUSER · TITUREL · TRISTAN · VENUS
VOGELSANG · WALTHER VON STOLZING · WALDVOGEL · WALTHER
VON DER VOGELWEIDE · WALTRAUTE · WANDERER · WELLGUNDE
WOGLINDE · WOLFRAM · WOTAN · ZORN · UND DEM WEIHENSTEPHAN
IM AUGUST 1982 ZUGEEIGNET VON

LORIOT

An der Opernkasse

Ein Herr tritt an den Schalter und spricht durch das niedrige Schiebefenster. Hinter ihm seine Gattin, dann 2. und 3. Herr, weitere Wartende.

GATTE Ich hätte gern für zwei Personen – für »Siegfried« – am Donnerstag …

KASSIERER Donnerstag ist ausverkauft …

GATTE Ach …

GATTIN Was is?

GATTE Donnerstag ist ausverkauft … *(zum Kassierer)* Völlig ausverkauft?

KASSIERER Völlig … seit zwei Wochen …

GATTE *(zur Gattin)* Seit zwei Wochen völlig ausverkauft … *(zum Kassierer)* Auch nicht ganz hinten oder im Rang?

KASSIERER Nein, leider …

GATTE … Oder so zwölfte Reihe, Mitte?

KASSIERER Nein …

GATTIN … Und im Rang oder ganz hinten … frag doch mal …

GATTE … Wieso ist denn gerade »Siegfried« ausverkauft?

KASSIERER »Siegfried« ist nicht ausverkauft…

GATTE Aber Sie sagten doch gerade, »Siegfried« ist ausverkauft…

KASSIERER Nein, Donnerstag… ich sagte Donnerstag…

GATTE Jawohl… »Siegfried« am Donnerstag…

KASSIERER Donnerstag ist ausverkauft… »Siegfried« ist heute, Donnerstag ist »Martha«.

GATTE Wieso Martha?

GATTIN Was is?

GATTE Donnerstag ist »Martha«.

GATTIN Nee, Martha kommt heute…

KASSIERER Heute ist »Siegfried«…

GATTE *(zum Kassierer)* Martha ist meine Schwägerin…

KASSIERER Ach?

GATTIN Was is?

GATTE Martha ist meine Schwägerin…

GATTIN Mein Gott, *das* weiß ich auch, und was ist mit »Siegfried«?

GATTE »Siegfried« is heute…

GATTIN …Aber heute geht nicht wegen Martha…

KASSIERER Entschuldigen Sie, ich werde jetzt abgelöst. Mein Kollege bedient Sie gleich weiter. *(schließt das Kassenfenster)*

GATTE Ah ja…

2. HERR Sehen Sie, da haben Sie's!

GATTE Wieso?

2. HERR Jetzt ist er weg, und in einer halben Stunde fängt die Vorstellung an ...

GATTE Na und ...

2. HERR Da möchte ich nämlich noch rein, wenn Sie nichts dagegen haben ...

KASSIERER *(öffnet die Kasse)* Bitte, wer ist der nächste?

2. HERR Ich hätte meine Karte längst, wenn *Sie* wüßten, was Sie wollen ...

GATTE *(macht Platz)* Bitte sehr, bitte sehr, wenn Sie es so eilig haben ...

GATTIN Unerhört!

2. HERR *(drängt an die Kasse)* ... Ich hätte gern fünf Plätze für heute abend, so sechste bis neunte Reihe Mitte ...

KASSIERER *(sieht nach)* ... Tut mir leid, ich habe noch vier in der dritten und einen hinten ...

2. HERR Aha ...

KASSIERER Oder zwei in der ersten und drei in der elften.

2. HERR ... Und weiter vorn?

KASSIERER ... Drei in der zwoten, einen in der vierten und einen in der neunten.

2. HERR ... Und fünf in der sechsten?

KASSIERER Nein ... leider ...

2. HERR Es gingen auch zwei in der sechsten, zwei in der siebten und einer in der achten.

KASSIERER Nein, aber zwo in der ersten, einen in der zwoten und zwo in der zehnten …

2. HERR Hm …

KASSIERER Sie können es sich ja noch überlegen, damit wir hier weiterkommen …

2. HERR *(nachdenklich)* Tja … *(tritt beiseite)*

GATTE … Ich hatte mit Ihrem Kollegen alles schon besprochen, vielleicht könnten Sie uns …

GATTIN Laß mich mal *(drängt sich an den Schalter)* … eigentlich hätten wir gern zweimal »Siegfried« für Donnerstag …

KASSIERER »Siegfried« ist heute … Donnerstag ist »Martha« …

GATTE Das ist meine Schwägerin …

KASSIERER Bitte?

GATTIN Wir können wegen meiner Schwester heute nicht in »Siegfried« …

GATTE Aber den Drachen hätte ich doch ganz gern gesehen …

GATTIN Wir lieben Opern mit Tieren …

KASSIERER Ach …

3. HERR Ich habe einen Riesenschnauzer, wenn ne Oper im Fernsehen is, dann hält der immer den Kopf schief …

GATTE Goldig … *(zur Gattin)* … gibt es eigentlich eine Oper mit Hunden?

GATTIN Ich weiß nicht ... *(zum Kassierer)* Gibt es Opern mit Hunden?

KASSIERER Nein ...

GATTIN Die ganze Woche nicht?

KASSIERER Nein ... und nächste Woche auch nicht ...

2. HERR Entschuldigen Sie ... darf ich mal?

GATTIN Bitte sehr ...

2. HERR Ich hätte jetzt gern für heute abend fünf Plätze im ersten Rang, erste Reihe Mitte ...

KASSIERER *(sieht nach)* ... Da kann ich Ihnen nur noch drei Plätze im zwoten Rang, vierte Reihe Mitte anbieten und zwo im dritten Rang, erste Reihe Seite.

2. HERR ... und zwo im ersten Rang, vierte Reihe Mitte und drei zwote Reihe Seite?

KASSIERER Nein ...

2. HERR Na, dann in Gottes Namen fünf Plätze vierter Rang, erste Reihe Mitte ...

KASSIERER Da habe ich noch zwo erste Reihe Seite und drei vierte Reihe Mitte ...

2. HERR Tja ...

GATTE Entschuldigen Sie, daß ich mich einmische, aber wenn meine Gattin sich Ihnen vielleicht anschließen dürfte, wo Sie doch schon mehrere sind ...

GATTIN Was?!

GATTE Dann gehst du heute in »Siegfried« und ich Donnerstag mit Martha in »Martha« …

2. HERR *(sieht die Gattin prüfend an)* Bitte schön … *(zum Kassierer)* … Also dann hätte ich jetzt gern zwo Plätze erste Reihe Mitte …

GATTIN *(zum Gatten)* Aber *du* wolltest doch den Drachen sehen …

GATTE Neinnein, ein Hund wäre mir sowieso lieber gewesen …

3. HERR Sie können sich ja gern mit Ihrer Schwägerin meinen Riesenschnauzer ansehen …

GATTE *Das* wäre *sehr* liebenswürdig! Wenn ich Sie dafür in die Oper einladen dürfte …

3. HERR Ach, keine Ursache …

GATTE Aber ich bitte Sie!

3. HERR Na, dann morgen in die »Zauberflöte«.

GATTE *(zum Kassierer)* … Ich hätte gern für die »Zauberflöte« erste Reihe Mitte … vier Plätze … drei Erwachsene und ein Riesenschnauzer …

Bayreuther Pausengespräch

Ich weiß nicht, wie Sie zu Wagner stehen, Verehrteste, aber ich kenne einen Erwin Wagner, der auch sehr gut Gitarre spielt, nur eben viel gefälliger und niemals über zweieinhalb Stunden hintereinander.

Auch rhythmisch ganz anders und ohne Gesang. Er hat seinerzeit in Wanne-Eickel einen Patentstöpsel für gebrauchte Flaschen erfunden und die Vertretung für Süddeutschland selbst übernommen. Der Wagner-Stöpsel, wissen Sie, hat sich ja weitgehend durchgesetzt.

Wir haben uns vor acht Jahren im Speisewagen im Rheingold-Expreß kennengelernt. Wir hatten schon Zukunftspläne gemacht – aber im Bahnhofsgedränge haben wir uns dann leider wieder aus den Augen verloren. Erst kürzlich traf ich ihn in einem Gartenrestaurant in Bochum wieder. Sind die Wanne-Eickeler Wagners nicht verwandt mit

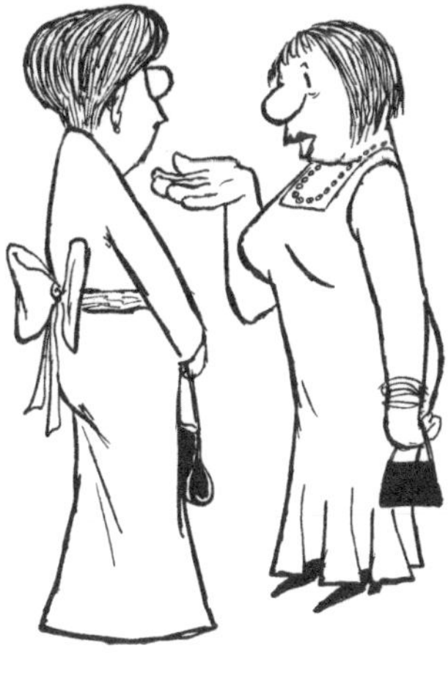

Rudolf Wagner, der sich hier in Bayreuth als Hals-Nasen-Ohren-Arzt einen Namen gemacht hat? Ich habe mich zwei Tage vor *Lohengrin* von ihm mal durchblasen lassen und hörte bereits im ersten Akt sechs ganz neue Leitmotive.

Was ist ein Wagnerianer?

Sehr verehrter Herr Schreiber,

wir hatten telefoniert und, wie ich glaube, über *Wagneriana* gesprochen. Was man heute darunter verstehe, und ich solle mich schriftlich dazu äußern. Also da hat sich in den letzten hundert Jahren eigentlich nichts geändert. Das waren immer schon Manschettenknöpfe, gesammelte Schriften, Bildpostkarten der Rheintöchter aus dem Festspielsommer 1912, der Kopf des Meisters in Marzipan und ähnliches. Für den Fall jedoch, daß ich mich verhört haben sollte und es sich mehr um *Wagnerianer* handelte, wird es komplizierter. Die Endung »ianer« kennzeichnet in der Regel bedingungslose Anhängerschaft in Verbindung mit einer gewissen Trotzhaltung gegenüber Andersdenkenden. Zum Beispiel Freudianer, Kantianer. Das ist jedoch nur bedingt richtig: Schon Persianer und Indianer sind auf diese Weise schwer zu definieren. Hier sind die Gründe dafür zu suchen, warum alle Deutungen des Begriffes bisher so wenig befriedigen. Noch am interessantesten erscheint mir die

Ansicht, für einen Wagnerianer gehörten der *Don Giovanni,* die *Matthäuspassion* und Beethovens späte Streichquartette auf das Feld der leichten Muse, obgleich ihm die *Götterdämmerung* kurzweiliger erscheint als eine *Nacht in Venedig*.

Mit freundlichen Grüßen

Der Fragebogen

Frankfurter Allgemeine Zeitung, 15. Mai 1981

Was ist für Sie das größte Unglück?
Bayreuth (Abfahrt).
Wo möchten Sie leben?
Tristan-, Ecke Isoldenstraße.
Was ist für Sie das vollkommene irdische Glück?
Bayreuth (Ankunft).
Welche Fehler entschuldigen Sie am ehesten?
Siegmunds und Sieglindes Bund.
Ihre liebsten Romanhelden?
Wagner hat keinen Roman geschrieben.
Ihre Lieblingsgestalt in der Geschichte?
Wagner.
Ihre Lieblingsheldinnen in der Wirklichkeit?
Birgit Nilsson, Gwyneth Jones, Hildegard Behrens, Jeannine Altmeier, Catherina Ligendza.
Ihre Lieblingsheldinnen in der Dichtung?
Brünnhilde, Waltraute, Sieglinde, Isolde.
Ihre Lieblingsmaler?
Wagner hat nie gemalt.
Ihr Lieblingskomponist?
Wagner.

Welche Eigenschaften schätzen Sie bei einem Mann am meisten?

Des Helden heilige Not.

Welche Eigenschaften schätzen Sie bei einer Frau am meisten?

Weibes Wonne und Wert.

Ihre Lieblingstugend?

Fällt mir nicht ein.

Ihre Lieblingsbeschäftigung?

Mächtigste Minne.

Wer oder was hätten Sie sein mögen?

Mime, mein Mops.

Ihr Hauptcharakterzug?

Weiß ich nicht.

Was schätzen Sie bei Ihren Freunden am meisten?

Ihre Existenz.

Ihr größter Fehler?

Meine Fehler sind alle gleich groß.

Ihr Traum vom Glück?

Bayreuth 1982 – 83 – 84 – 85 – 86 – 87 – 88 – 89 – 90 – 91 – 92 – 93 – 94 – 95 – 96 – 97 – 98 – 99 – 2000 – usw. …

Was wäre für Sie das größte Unglück?

Bayreuths Ende.

Was möchten Sie sein?

Genial.

Ihre Lieblingsfarbe?

Wotans grämliches Grau.

Ihre Lieblingsblume?

Die Wagnolie.

Ihr Lieblingsvogel?

Der wonnige Laller.

Ihr Lieblingsschriftsteller?

Wagner.

Ihr Lieblingslyriker?

Wagner.

Ihre Helden in der Wirklichkeit?

Max Lorenz, Wolfgang Windgassen, Peter Hofmann, René Kollo, Fritz Hübner.

Ihre Heldinnen in der Geschichte?

Amalie Materna, Malvine Schnorr v. Carolsfeld, Lotte Lehmann.

Ihre Lieblingsnamen?

Ortlinde, Schwertleite, Helmwige, Grimgerde, Roßweiße.

Was verabscheuen Sie am meisten?

Gekürzte Wagneropern.

Welche geschichtlichen Gestalten verachten Sie am meisten?

Alle (außer Wagner).

Welche militärischen Leistungen bewundern Sie am meisten?

Den Walkürenritt.

Welche Reform bewundern Sie am meisten?

Der Ring an 1 Abend.

Welche natürliche Gabe möchten Sie besitzen?

Einen Heldentenor.

Wie möchten Sie sterben?

Morgendlich leuchtend im rosigen Schein.

Ihre gegenwärtige Geistesverfassung?

Müde.

Ihr Motto?

Heiahaheiahaheiaha …

Die Opernsprengung

Eine Diskussion auf der Bühne des Cuvilliés-Theaters zu München am 18. Februar 1973.

DR. GÜNTHER RENNERT
Staatsintendant der Bayerischen Staatsoper;

KURT MEISEL
Staatsintendant des Bayerischen Staatsschauspiels;

AUGUST EVERDING
Intendant der Münchner Kammerspiele;

DR. JOACHIM KAISER
Musik-, Theater- und Literaturkritiker der *Süddeutschen Zeitung*;

OBERBRANDMEISTER SEDLMAYR
Branddezernat München II/Innenstadt;

VIKTOR SCHMOLLER
Diskussionsleiter.

SCHMOLLER Meine Damen und Herren, zu unserem ersten Gespräch in der Reihe ›Kultur und Gesellschaft‹ begrüße ich den Staatsintendanten der Bayerischen Staatsoper, Herrn Dr. Rennert, den Staatsintendanten des Bayerischen Staatsschauspiels, Herrn Kurt Meisel, dessen Wort als neutraler Beobachter und ›Anlieger‹ der Staatsoper von Bedeutung ist, den Intendanten der Münchner Kammerspiele und künftigen Intendanten der Hamburgischen Staatsoper, Herrn August Everding, den Musik-, Theater- und Literaturkritiker der *Süddeutschen Zeitung*, Herrn Dr. Joachim Kaiser, und Oberbrandmeister Sedlmayr vom Branddezernat München zwo/Innenstadt.

SEDLMAYR *(springt auf)*

SCHMOLLER Vielen Dank, Herr Sedlmayr. *(Sedlmayr setzt sich)* Nun zum Thema unserer heutigen Diskussion. Der bedeutende Komponist und Dirigent Pierre Boulez antwortete vor einiger Zeit auf die Frage, wie er sich die Bewältigung der Probleme des modernen Opernschaffens vorstelle, mit den Worten: Die eleganteste Lösung wäre, alle Opernhäuser der Welt in die Luft zu sprengen. Das ist ein ungewöhnlicher Vorschlag, so meine ich, aber er verdient es, auf seine Brauchbarkeit hin untersucht zu werden. Herr Dr. Rennert, Sie sind der Leiter des hiesigen Opernhauses. In welcher Form haben Sie die Boulezsche Anregung aufgenommen?

DR. RENNERT Herr Schmoller, zunächst einmal möchte ich sagen, daß ich die künstlerische

Potenz des Dirigenten Boulez bewundere. Aber weiß der eigentlich, wie schwer sich so was in den laufenden Spielplan einbauen läßt? Ich war in den letzten Wochen allein schon durch die Vorbereitungen für die Festspiele so in Anspruch genommen, daß mir für eine derart komplizierte Aufgabe, wie es die Sprengung eines Opernhauses ja nun mal ist, einfach keine Zeit blieb.

SCHMOLLER Das heißt also... *(Herr Everding hebt die Hand...)* Ja, bitte, Herr Everding...

HERR EVERDING Ich bin doch sehr überrascht, Herr Dr. Rennert, daß der Intendant der Bayerischen Staatsoper offensichtlich keine prinzipiellen Einwände hat gegen die Vernichtung der ihm anvertrauten Bühne!

DR. RENNERT Aber Herr Everding, wir wollen doch nicht grundsätzlich gegen progressive Ideen sein, nur weil sie nicht in unser traditionelles Denkschema passen.

HERR MEISEL *(ärgerlich)* Ich verstehe ja nichts von Musik, aber die Herren scheinen zu vergessen, daß ich im Residenztheater nur ungern inszeniere, wenn mir dabei von hinten die Oper um die Ohren fliegt!

DR. KAISER Ach was!?

SCHMOLLER Meine Herren, lassen Sie uns doch weniger emotionell argumentieren und mehr die praktische Seite des Problems beleuchten. Wir haben hier im Studio eine Modellsprengung vorbereitet. Herr Sedlmayr *(Sedlmayr springt auf)*, ach bitte, behalten Sie doch Platz, vielleicht können Sie uns etwas sagen über technische Voraussetzungen und mögliche Folgen einer kulturpolitischen Operndetonation.

SEDLMAYR Wie meinen?

SCHMOLLER Wir meinen, wie wird gesprengt und was passiert?

SEDLMAYR Jawohl. Wir sprengen mit 2500 kg doppelt-kohlensaurem Trinitrotoluol in Verbindung mit 800 kg ungekämmter Kollodiumwolle ohne Zusatz von Bikarbonat. Das Bikarbonat beinhaltet eine stärkere Granulierung, hat aber nachteilige...

SCHMOLLER Vielen Dank, Herr Sedlmayr, würden Sie uns nun bitte an diesem kleinen Modell der Staatsoper die Wirkungsweise der Sprengung demonstrieren.

SEDLMAYR Jawohl! Aber ich möchte gleich sagen, in echt wäre es schöner! *(sucht nach Streichhölzern. Dr. Rennert reicht ihm sein Feuerzeug. Es funktioniert nicht)* Entschuldigen Sie, aber momentan ... ist da etwas ...

SCHMOLLER Nun ... dann wollen wir zunächst in der Diskussion fortfahren. Ich glaube, Herr Dr. Kaiser wollte ...

DR. KAISER Es ist mir unbegreiflich, warum man die Opernsprengung offensichtlich nur als lästige kulturelle oder inszenatorische Pflichtaufgabe betrachtet. Im Gegenteil: Durch eine Detonation des Hauses im richtigen Moment erscheint eine schwache Inszenierung möglicherweise akzeptabel!

DR. RENNERT Also wenn bei jeder schwachen Inszenierung die Oper explodiert...

HERR EVERDING Na, dann brauche ich gar nicht erst nach Hamburg zu gehen... du lieber Gott...

DR. RENNERT Das ist kein religiöses Problem, Herr Everding!

HERR MEISEL Ich sehe da noch eine andere Gefahr: Angenommen, die Sprengung ist ein Erfolg, die Kritiken sind schlecht, das Publikum gewöhnt sich dran... und die Sänger...!? Ich bin *sehr* im Zweifel, ob Frau Nilsson sich für die *Walküre* verpflichten ließe, wenn sie damit rechnen muß, im zweiten Akt zu detonieren!

DR. KAISER Jedenfalls wäre sie im dritten dann wohl ziemlich indisponiert.

DR. RENNERT Aber wo sehen Sie denn einen dritten Akt, wenn sich das ganze Ensemble noch stundenlang in einer Detonationswolke über München befindet?

SCHMOLLER Auf das Problem der Luftverschmutzung kommen wir später zurück. Herr Sedlmayr *(Sedlmayr springt auf)*, wenn wir jetzt die Modellsprengung sehen dürften?

SEDLMAYR Jawohl! Aber ich weise noch einmal darauf hin, daß die Detonation in echt viel eindrucksvoller ist. *(Dr. Rennert reicht sein Feuerzeug. Es funktioniert nicht)*

SCHMOLLER Ja ... äh ... Wichtig erscheint mir zunächst noch die Zuschauerfrage. Gesprengt wird doch mit vollem Haus. Ist das nun eine reine Abonnementvorstellung oder freier Kartenverkauf oder eventuell nur Presse? Oder wie oder was?

DR. RENNERT Nur mit der Presse wäre es mir am liebsten, aber ich fürchte, wir kriegen das Haus nicht voll.

DR. KAISER Das hängt davon ab, was an dem Abend im Fernsehen ist.

HERR MEISEL Entschuldigen Sie... Musik ist ja nicht mein Fach... aber angenommen, die Publikumsfrage ist gelöst, die Premiere war ein Erfolg, die Oper ist explodiert. Wann ist die nächste Vorstellung?

HERR EVERDING Das ist eine gute Frage. Bei starkem Publikumsandrang sind eventuell zwei oder drei Sprengungen nötig. Und München hätte dank seines hervorragend ausgestatteten Opernhauses die Chance, eine Opernsprengung von wirklich hohem Niveau durchzuführen. Immerhin gilt ja die Münchner Oper als eines der schönsten Häuser der Welt.

DR. RENNERT Wenn wir voraussetzen, daß die Explosion der Staatsoper aus kulturpolitischen Gründen in jeder Vorstellung stattfindet, könnte – bei ständigem Wiederaufbau der Oper in Rekordzeit – bestenfalls alle drei Jahre eine Vorstellung stattfinden.

HERR MEISEL Aber dieses System würde sich ja wohl ungünstig auf die Eintrittspreise auswirken.

DR. RENNERT Gewiß, der billigste Platz würde pro Abend etwa 250000 DM kosten. Allerdings würden die Freunde des Nationaltheaters, die ja ohnehin zu Premieren kaum Karten kriegen, nun wenigstens finanziell herangezogen werden. Eine Opernsprengung von wirklichem Niveau ist in der gegenwärtigen Theatersituation eine Sache der Privatinitiative.

HERR MEISEL Ich nehme ja auch an, daß Herr Stadtrat Baumann durch Wohltätigkeitsveranstaltungen, Tombolas undsoweiterundsoweiter immer wieder größere Beiträge zur Verfügung stellen wird.

DR. RENNERT Im Zusammenhang mit der finanziellen Frage ist da noch ein anderes Problem: der neue Giebel von Professor Brenninger über dem Hauptportal. Apoll und die neun Musen in bulgarischem Muschelkalk. Es ist absolut ausgeschlossen, nach jeder Explosion ein Werk von gleicher künstlerischer Bedeutung in Auftrag zu geben.

HERR EVERDING Ich bin zwar kein Staatsintendant, aber da schlage ich doch vor, ihn jedesmal vor der Sprengung abzunehmen und irgendwo unterzustellen. Das Deutsche Museum beispielsweise ist ja immer interessiert an alten Giebeln. Aber abgesehen von dekorativen Einzelheiten ist die Oper rein architektonisch ja sowieso umstritten.

DR. RENNERT *(erregt)* Herr… äh…

HERR EVERDING Everding…

DR. RENNERT Herr Everding, mir gefällt jedenfalls die explodierende Staatsoper immer noch besser als die frischgestrichenen Kammerspiele!

HERR EVERDING Aber ich bitte Sie, Herr Dr. Rennert, wie können Sie eine derartige Äußerung… Aber auch rein privat… also ich muß sagen…

HERR MEISEL …wir wollen doch nicht persönlich werden. Schließlich geht es hier um etwas ganz anderes. Die Öffentlichkeit hat ein Recht auf unpolemische Information.

DR. KAISER Ha ... ha ... ha ... ha ...

SCHMOLLER Aber meine Herren, ich bitte Sie ... Ich glaube, Herr Dr. Kaiser hat hierzu noch etwas zu sagen.

DR. KAISER Neinnein. Ich hatte da nur noch eine Frage. Wo befindet sich eigentlich nach der Detonation meine Garderobe?

SCHMOLLER Diese Frage kann uns vielleicht Herr Sedlmayr beantworten.

SEDLMAYR *(springt auf)* Für Garderobe ist das Branddezernat nicht zuständig. Es muß jedoch nach der Sprengung mit einer Garderobenstreuung für Hüte und Mäntel im Radius von 6 km gerechnet werden.

DR. KAISER Na, ich weiß nicht, wie meine Kritiken aussehen, wenn ich nach jedem *Rigoletto* meinen Hut in Obermenzing abholen muß!

HERR MEISEL *(in höchster Erregung)* Herr Dr. Kaiser, ich bitte Sie, Obermenzing ist doch wieder einmal völlig aus der Luft gegriffen. Aber so ist die Presse, so sind sie alle! Da gibt man sich eine blödsinnige Mühe, inszeniert eine Weltklasse-Opernexplosion, und was steht in der *Süddeutschen*? Herr Dr. Kaiser hat seinen Hut in Obermenzing geholt!

DR. KAISER Also gut... in Pullach. Aber interessieren würde mich ja nun der musikalische Aufbau der Operndetonation. Wenn Isolde in C-Dur arbeitet, kann nicht gleichzeitig in As-Dur gesprengt werden. Das klingt einfach scheußlich!

DR. RENNERT Warum muß denn in As-Dur gesprengt werden?

DR. KAISER Explosionen sind immer in As-Dur. Außer beim Bürgerbräukeller. Das war in g-Moll. Aber davon spricht ja heute auch kein Mensch mehr...

SCHMOLLER Ach was?!

HERR EVERDING ... und vom Umweltschutz spricht ja wohl auch niemand! So eine detonierte Staatsoper steht doch tagelang als Rauchpilz über München und verpestet die Innenstadt!

SCHMOLLER Um das zu überprüfen, haben wir ja eben Herrn Oberbrandmeister Sedlmayr gebeten, eine maßstabgerechte Sprengung am Modell der Oper durchzuführen. Herr Oberbrandmeister, darf ich nun bitten.

SEDLMAYR Sehr wohl... *(zündet, es erfolgt eine winzige Detonation des kleinen Modells der Staatsoper. Sedlmayr sieht verlegen zu Boden)*

DR. RENNERT Ist das alles?

SEDLMAYR Jawohl...

ALLE *(verächtlich)* Ha ... –

Donnerschlag und Blitz. Bei gleichzeitig einsetzendem Finale der ›Götterdämmerung‹ detoniert die Bühne samt Diskussionsrunde.

SCHMOLLER *(im Fliegen)* Ich danke Ihnen für das Gespräch.

Statt eines Nachworts

Oper – ein Interview

Als ich bei einer Operninszenierung Ihren Namen als Regisseur entdeckte, dachte ich im ersten Augenblick, es handle sich um eine Opernparodie. Doch Flotows ›Martha‹ war keine Parodie, und demnächst wird auch der ›Freischütz‹ von Ihnen inszeniert. Darf ich fragen warum?

Als ich mit zwölf Jahren nach einer Blinddarmoperation zur Entschädigung für Aufregung und Schmerzen einen Wunsch äußern durfte, sagte ich, ohne zu zögern: Ich möchte in die Oper. Musik ist nun mal das, was ich am meisten liebe. Leider reichte meine Begabung nicht aus, um einen musikalischen Beruf zu ergreifen. Als man mir anbot, Opernregie zu führen, sah ich die schönste Gelegenheit, meine bisherige Arbeit mit meiner eigentlichen Liebe zu verbinden.

Es geschah also nicht der Regie, sondern der Musik wegen?

Ich will das nicht trennen. Aber ohne die Verführung durch die Musik hätte ich wahrscheinlich abgelehnt. Die Verlockung, an einer Oper zu arbeiten, ist übermächtig, und die Monate, die ich mit dieser Arbeit verbringe, sind für mich wie erfüllte Kinderträume. Über eine Bühne zu gehen und dabei zwei singende Menschen im Arm zu haben, das berührt mich schon sehr. Und ich gerate hin und wieder in Gefahr, ein für diese Situation eigentlich nicht vorgesehenes und auch nicht ratsames Opernglück zu empfinden. Andere Regisseure, die nicht von der musikalischen Seite her kommen, empfinden den Umstand, daß jemand Klavier spielt und der Schauspieler auch noch singen muß, möglicherweise eher als störend. Es belastet Sänger natürlich, wenn sie fühlen, daß ihre Gesangsfunktion kein wesentlicher Teil der Überlegung des Regisseurs ist. Seitdem ich als Kind immer wieder Opernplatten aus der bescheidenen Sammlung meines Vaters aufgelegt habe, wovon mich auch ständiges Kurbeln und Nadelwechseln nicht abhalten konnten, liebe ich Sänger. Ich würde nie auf einer Bühnenposition der Agathe bestehen, wenn sie sich dort stimmlich nicht wohl fühlte. Es sei denn, ich kann ihre Befürchtungen widerlegen. Sänger und Sängerinnen, die wissen, daß der Regisseur immer auch ihre musikalische Wirkung im Auge behält, sind bessere Schauspieler.

Sehen Sie in der Oper die beste Form des Theaters?

Man kann die Formen des Theaters nicht miteinander vergleichen. Besonders für den, der die Musik nicht liebt, ist Oper bestenfalls verballhorntes Theater. Es ist ja nicht zu leugnen, daß der *Faust* durch die Tatsache, daß er komponiert worden ist, nicht an Bedeutung gewonnen hat. Aber Opern bieten nun mal ganz außerordentliche Ausdrucksmöglichkeiten, die mit dem Wort allein nicht herzustellen sind. Oper hat die Chance, Wort und Musik zu addieren, um etwas Neues, anderes zu machen. Oper und Theater sind keine Konkurrenten. Außerdem entzieht sich die Oper der intellektuellen Beurteilung. Man liebt sie oder liebt sie nicht. Man findet sie unzeitgemäß oder ist ihr verfallen. Auch alles zusammen ist kaum ein Widerspruch.

Glauben Sie, daß Regisseure des Sprechtheaters wegen ihrer Regiekonzeption gelegentlich den Sänger zugunsten des Darstellers opfern?

Es geschieht wohl heute häufiger als früher, daß dem Sänger eine ungünstige Position zugewiesen wird. In einer Zeit, in der die Regie in der Oper keine große Rolle spielte – und das ist nicht lange her –, kam der Sänger, der etwas Bravouröses zu singen hatte, einfach an die Rampe. Das ist zwar im Sinne des Regiekonzepts selten zu verantworten, aber es hat ja auch nicht nur Nachteile. Warum soll man den Zuhörern und den Sängern nicht hin und wieder drei Minuten gegenseitiger Verzückung gönnen? Jedenfalls versetzt mich in der *Walküre* ein nach hinten gesungener Wälseruf in einen Zustand tiefster Verbitterung. Es ist schade, wenn wichtige Passagen zwar vom Standpunkt des Sprechtheaters mit großer Bühnenwirksamkeit inszeniert werden, aber durch ›unsängerische‹ Placierung der Akteure an musikalischem Gewicht verlieren. Wenn man das in Kauf nimmt, denke ich, wird da zu viel geopfert.

Sind für Sie auch in der Oper Details wichtig?

Ich bin grundsätzlich detailversessen, ob es nun um Film, Theater oder Oper geht. Details sind zur Verdeutlichung bestimmter Verhaltensweisen und Vorkommnisse wichtig. Bei *Martha* lag es mir am Herzen, die verschiedenen Charaktere mit ihren Eigenarten präzise zu zeichnen und auch ihr Umfeld im Detail so genau wie möglich zu erklären. Dabei habe ich mehr Rollen inszeniert, als das Libretto enthält. Das geht bei einer leichten Spieloper.

Franco Zeffirelli schreibt in seiner vor kurzem erschienenen Autobiographie, daß die Oper in Italien vor dem Krieg lediglich ein Ausstattungsstück für einen Gesangsstar und wenig mehr als ein Konzert in Kostümen gewesen sei, da die Italiener die Oper wegen der Musik lieben und sie nicht so ernst nehmen wie das Theater. Teilen Sie diese Meinung? War es in Deutschland unter dem Einfluß von Wagner zu diesem Zeitpunkt anders?

Italiener haben ein viel engeres, viel emotionaleres Verhältnis zu ihren Opern als wir. Rossini, Verdi, Puccini und ihre Interpreten waren und sind Volkshelden. Das ist weder Mozart noch Wagner oder Strauss gelungen. Allenfalls Weber. Entsprechend unterscheidet sich die Erwartungshaltung des italienischen Publikums von unserer. Italiener sind genußfreudiger als wir. In der Mailänder Scala war es durchaus nicht ungewöhnlich, daß man während der Aufführung seine Loge verließ, ein Gläschen Rotwein zu sich nahm oder sich unterhielt und rechtzeitig wieder hineinkam, um »Che gelida manina« zu hören. Die Italiener sind ein Publikum, das vorwiegend auf die sogenannten großen Stellen reagiert und entsprechend temperamentvoll buht oder applaudiert. Sie nehmen viel in Kauf, nur keine Schmälerung des musikalischen Genusses. Das deutsche Publikum ist so diszipliniert, daß es niemals seinen Platz verlassen würde, auch wenn es eigentlich möchte... Das hängt mit unserer Neigung zum Gehorsam zusammen. Außerdem kennen wir seit Wagner die Forderung, daß mit der Oper auch ein Drama zu inszenieren sei. Und da darf man sich eben nicht nur auf die großen Stellen verlassen. Da verstehen wir keinen Spaß.

Bleiben wir beim deutschen Publikum: Die Ausländer, selbst Regisseure, beklagen, daß die Deutschen nicht lachen können; das Lachen sei in Deutschland geradezu verpönt. Wollen Sie – ein Deutscher, der Humorist ist – die Deutschen von einem Klischee befreien?

Es wäre schön, wenn meine Arbeit dazu beigetragen hätte. Aber ein Einwand ist sicher richtig: Die Deutschen lachen zwar genauso gerne und soviel wie alle anderen auch; aber auf die Frage, ob ein Lustspiel oder eine Tragödie bedeutender sei, würden sie ohne Zögern der Tragödie den Vorrang geben. Die Deutschen haben nun mal ein besonderes Gefühl für das sogenannte Wertvolle. Es ist kein Zufall, daß bei uns eher die *Neunte* komponiert wird als *Gianni Schicchi*.

Welchen Sinn hat die Oper heute?

Das ist eine sehr deutsche Frage …

Ich wollte beim Thema bleiben …

Diese Frage würde kein Engländer oder Italiener stellen. Die Frage nach der Bedeutung der Opernhäuser bringt jeden in Harnisch, der nichts mit der Oper zu tun hat. Aber ist es wirklich so unverantwortlich, daß Steuergelder nur für eine Minderheit verwendet werden? Ach du lieber Himmel, ja, ja … ich weiß, mit diesem Geld sollten lieber Wohnungen, Krankenhäuser, Schulen, Autobahnen, Jagdbomber und Kraftwerke gebaut werden! Oper ist kostspielig, gewiß; aber wollen wir uns denn zu Lebewesen degradieren, die nur essen und verdauen, leben und sterben? Die Oper trägt, wie verschiedene andere unnütze Dinge, dazu bei, das Leben weniger trostlos erscheinen zu lassen. Dabei kommt es gar nicht so darauf an, daß jeder teil an ihr nimmt, sondern daß alle die Möglichkeit dazu haben.
Man sollte als Zuschauer und als Regisseur in die Oper ein gewisses Maß an Naivität mitbringen. Ich habe nie vergessen, wie enttäuscht ich als Kind war, wenn der Vorhang aufging und meine Erwartungen nicht erfüllt wurden. Ich hatte gelesen, da

sei ein Wald, ein Schloß, das Meer und eine Stadt... Aber auf der Bühne gab es weder Wald noch Schloß, auch kein Meer und keine Stadt. Ich will damit nur sagen, daß man dem Publikum nicht alles vorenthalten muß, wovon man befürchtet, es könne ihm gefallen. Die Sache mit dem Schock ist vorbei. Der Zuschauer hat auf der Bühne schon alles gesehen, was schockieren könnte: Tod, Sex, Blut, Nazis und Verdauung. Damit reißt man keinen Hund mehr vom Sperrsitz. Ich meine nicht, daß man sich um die Probleme drücken soll. Die haben nur langsam eine andere Verpackung nötig. Das ist wahnsinnig schwer, und bei aller Lust stecke ich voller Zweifel. Ich bin mir nur in einem sicher: Der alte verlockende, sündige Reiz der Opernbühne darf nicht auf der Strecke bleiben.

Anmerkungen

Loriots Kleiner Opernführer

Die Operntexte entstanden vorwiegend als Moderationen Loriots zu Benefiz-Konzerten im Nationaltheater München (1987–1992) und zur festlichen Operngala für die Aids-Stiftung in der Deutschen Oper Berlin (1996–2002). Der größte Teil ist 2002 in dem Band *Sehr verehrte Damen und Herren…*, Diogenes Verlag, Zürich, erstmals veröffentlicht worden.

Der Karneval der Tiere

Die Texte zur Komposition von Camille Saint-Saëns schrieb Loriot auf Anregung des Dirigenten Karl Böhm. Die Uraufführung mit den Wiener Philharmonikern fand im Jahre 1975 statt (Sprecher: Karl-Heinz Böhm). Seit 1990 übernimmt Loriot in zahlreichen Konzerten mit dem Scharoun Ensemble der Berliner Philharmoniker die Rolle des Sprechers.

Der Ring des Nibelungen

Wagners Bühnenfestspiel an 1 Abend in Loriots Fassung für Erzähler, Sänger und Orchester. Erstaufführung mit dem Ensemble des Nationaltheaters Mannheim und Loriot als Erzähler unter der musikalischen Leitung von Jun Märkl im Musensaal am 28. Oktober 1992.

Candide

Die hier vorliegenden verbindenden Texte schrieb Loriot für konzertante deutsche Aufführungen von Leonard Bernsteins Musical *Candide*.

Die Erstaufführung des Musicals in dieser Fassung fand am 27.5.1999 im Prinzregententheater in München statt. Es spielte das Ensemble des Münchener Staatstheaters am Gärtnerplatz unter der Leitung von David Stahl. Sprecher: Loriot.

Rund um die Oper

Bayreuth

Zueignung Loriots an die Sänger in Bayreuth im August 1982. In: Loriot, *Möpse & Menschen. Eine Art Biographie.* Diogenes Verlag, Zürich 1983.

An der Opernkasse

Aus der Sendereihe *Loriot I–IV*, Radio Bremen, 7. November 1977 (IV). In: *Loriots Dramatische Werke.* Diogenes Verlag, Zürich 1981.

Bayreuther Pausengespräch

In: *Loriots Heile Welt.* Diogenes Verlag, Zürich 1973.

Was ist ein Wagnerianer?

Nachwort zu Hermann Schreiber, *Werkstatt Bayreuth*, Albrecht Knaus Verlag, München 1986.

Der Fragebogen

Loriots »eintönige« Antworten auf die wöchentliche Umfrage im Magazin der *Frankfurter Allgemeinen Zeitung*, 15. Mai 1981. Das Portrait von Richard Wagner stammt aus einem Brief Loriots an Wolfgang Hildesheimer, 6. August 1986.

Die Opernsprengung

Diese Podiumsdiskussion nach einem Text von Loriot fand 1973 in der Faschings-Matinee der Bayrischen Staatsoper im Münchner Cuvilliés-Theater statt. Unter der Leitung von Loriot (als Viktor Schmoller) diskutierten drei Intendanten und ein Kritiker. Die Teilnehmer wurden nicht durch Schauspieler verkörpert, sondern stellten sich sozusagen selber dar. In: *Loriots Dramatische Werke,* Diogenes Verlag, Zürich 1981.

Statt eines Nachworts

Oper – ein Interview

Ein Interview mit Loriot über seine Operninszenierung von Flotows *Martha*. Aus: Sabine Kech / Floria Jannucci, *Die Regie hat das Wort,* Georg Westermann Verlag, Braunschweig 1988. In: *Loriot,* Diogenes Verlag, Zürich 1993.